POUR LES CLASSES DE MATHÉMATIQUES SPÉCIALES.

THÉORÈMES ET PROBLÈMES

SUR

LES NORMALES AUX CONIQUES,

PAR M. DESBOVES,
Docteur ès Sciences, Professeur au Lycée Bonaparte.

PARIS,
MALLET-BACHELIER, IMPRIMEUR-LIBRAIRE
DE L'ÉCOLE POLYTECHNIQUE, DU BUREAU DES LONGITUDES,
Quai des Augustins, 55.

1861

EXERCICES POUR LES CLASSES DE MATHÉMATIQUES SPÉCIALES.

THÉORÈMES ET PROBLÈMES

SUR

LES NORMALES AUX CONIQUES,

PAR M. DESBOVES,

Docteur ès Sciences, Professeur au Lycée Bonaparte.

PARIS,

MALLET-BACHELIER, IMPRIMEUR-LIBRAIRE

DE L'ÉCOLE POLYTECHNIQUE, DU BUREAU DES LONGITUDES,

Quai des Augustins, 55.

1861

Les dernières questions faites aux Examens et Concours m'ont fait penser qu'on pourrait accueillir avec quelque intérêt une étude sur les propriétés des normales aux coniques.

Les méthodes employées dans cette monographie sont celles de la Géométrie analytique la plus élémentaire, les seules admises avec raison dans nos lycées.

La première partie, sous le nom de *Méthode de l'angle d'anomalie*, contient de nombreux exercices trigonométriques qui ont peut-être l'avantage de préparer à l'étude des fonctions elliptiques. On verra que dans la plupart des questions, la variable qui se présente de préférence est la tangente de la moitié de l'angle d'anomalie, et qu'à l'aide de cette variable on passe très-simplement des propriétés de l'ellipse à celles de l'hyperbole.

Dans la seconde partie, qui a pour titre *Méthode du pôle*, on a voulu, non pas ajouter des formules à bien d'autres, mais montrer aux élèves comment des problèmes en grand nombre sont rattachés les uns aux autres par une même formule, et les engager à se proposer à eux-mêmes, à propos de questions particulières, des études du genre de celles qui sont données ici pour exemples.

Quelques théorèmes généraux ont aussi été établis, mais sans dépasser les limites permises par l'enseignement. Jamais la conique ne disparaît.

Je demande, en terminant, qu'on veuille bien me permettre d'appeler l'attention sur le théorème III (1re partie), qui paraît être le théorème le plus important de la théorie des normales aux coniques. En cherchant à l'étendre aux surfaces du second ordre, j'ai rencontré de belles propriétés dont je donne la démonstration dans une Note page 47.

A. DESBOVES.

Paris, 16 mai 1861.

EXERCICES POUR LES CLASSES DE MATHÉMATIQUES SPÉCIALES.

THÉORÈMES ET PROBLÈMES

SUR

LES NORMALES AUX CONIQUES.

I.

MÉTHODE DE L'ANGLE D'ANOMALIE.

D'un point donné, mener une normale à l'ellipse rapportée à son centre et à ses axes.

Soient x, y les coordonnées du point donné, X, Y celles du pied de la normale, φ l'angle d'anomalie correspondant, on a

$$c^2XY + b^2yX - a^2xY = 0,$$

$$(1) \qquad \left\{ X = \frac{a\left(1 - \text{tang}^2\frac{\varphi}{2}\right)}{1 + \text{tang}^2\frac{\varphi}{2}}, \quad Y = \frac{2b\,\text{tang}\frac{\varphi}{2}}{1 + \text{tang}^2\frac{\varphi}{2}}; \right.$$

et en éliminant X et Y entre les trois équations, il vient

$$(2) \quad by\,\text{tang}^4\frac{\varphi}{2} + 2(c^2 + ax)\,\text{tang}^3\frac{\varphi}{2} - 2(c^2 - ax)\,\text{tang}\frac{\varphi}{2} - by = 0.$$

L'équation (2) où l'inconnue est l'angle d'anomalie φ, montre immédiatement que, d'un point pris dans le plan de l'ellipse, on peut toujours mener à cette courbe quatre normales, dont deux au moins sont réelles.

Pour achever la discussion du problème, prenons pour inconnue auxiliaire l'abscisse x_1 du milieu d'une des trois diagonales du quadrilatère qui touche l'ellipse aux pieds des normales (*). Il est évident que la valeur de x_1, ou, ce qui revient au même, de la quantité $z = \frac{2a}{x_1}$ dépendra d'une équation du troisième degré, et que, suivant que cette équation aura trois racines réelles inégales, deux racines imaginaires, ou deux racines réelles dont l'une double, on pourra mener du point donné quatre normales réelles, deux normales réelles et deux normales imaginaires, ou deux normales réelles, l'une double et l'autre simple.

Il est facile de former l'équation en z.

Soient α, β les coordonnées d'un point d'où l'on mène une tangente à l'ellipse, φ l'angle d'anomalie correspondant, on a facilement

$$(3) \qquad b(a+\alpha)\tang^2\frac{\varphi}{2} - 2a\beta\tang\frac{\varphi}{2} + b(a-\alpha) = 0.$$

Si maintenant on désigne par φ_1, φ_2, φ_3, φ_4 les angles d'anomalie qui déterminent les pieds des normales, par α, β les coordonnées du pôle de la corde (φ_1, φ_2), par α', β' celles de la corde opposée (φ_3, φ_4), en vertu de l'équation (3) et d'une équation analogue en α', β' et φ, on a

$$(4) \qquad \frac{a-\alpha}{a+\alpha} = \tang\frac{\varphi_1}{2}\tang\frac{\varphi_2}{2}, \quad \frac{a-\alpha'}{a+\alpha'} = \tang\frac{\varphi_3}{2}\tang\frac{\varphi_4}{2};$$

mais l'équation (2) donne

$$(5) \qquad \tang\frac{\varphi_1}{2}\tang\frac{\varphi_2}{2}\tang\frac{\varphi_3}{2}\tang\frac{\varphi_4}{2} = -1,$$

et, par suite, on a

$$\tang\frac{\varphi_1}{2}\tang\frac{\varphi_2}{2} - \frac{1}{\tang\frac{\varphi_1}{2}\tang\frac{\varphi_2}{2}} = \frac{4a}{\alpha+\alpha'} = z.$$

L'inconnue auxiliaire z est donc égale au produit de deux racines de l'équation (2) diminué de l'inverse de ce produit. En formant l'équation aux produits des racines de l'équation (2),

(*) Dorénavant, pour abréger, nous appellerons un pareil quadrilatère *quadrilatère normal circonscrit*, et de même *quadrilatère normal inscrit* celui qui a pour sommets les pieds des quatre normales.

et abaissant à la manière ordinaire au troisième degré l'équation obtenue qui est réciproque du sixième degré, on a

$$(6) \qquad b^2 y'^2 z^3 + 4(b^2 y'^2 + a^2 x^2 - c^4) z + 16 a^2 c x = 0.$$

C'est l'équation que Legendre, et après lui M. Gerono, ont discutée, mais sans en indiquer la signification géométrique.

En exprimant que l'équation (6) satisfait aux conditions précédemment indiquées, on trouve que le nombre des normales réelles est quatre, deux ou trois, suivant que le point donné est situé à l'intérieur, à l'extérieur, ou sur la circonférence de la courbe, dont l'équation est

$$(7) \qquad \left(\frac{ax}{c^2}\right)^{\frac{2}{3}} + \left(\frac{by}{c^2}\right)^{\frac{2}{3}} = 1.$$

Théorème I. — *La somme des angles d'anomalie correspondant aux pieds des normales menées d'un point à l'ellipse est toujours égale à un multiple impair de la demi-circonférence.*

En effet, étant donnée une équation du degré m en $\tang\frac{\varphi}{2}$, dont les coefficients sont $A_0, A_1, A_2, \ldots, A_m$, et les racines $\tang\frac{\varphi_1}{2}, \tang\frac{\varphi_2}{2}, \ldots, \tang\frac{\varphi_m}{2}$, on sait que l'on a

$$\tang\left(\frac{\varphi_1}{2} + \frac{\varphi_2}{2} + \ldots \frac{\varphi_m}{2}\right) = \frac{A_1 - A_3 + \ldots}{A_0 - A_2 + A_4 + \ldots};$$

mais dans l'équation (2) on a $A_1 - A_3$ différent de zéro, tandis que $A_0 - A_2 + A_4$ est nul : donc, en désignant par K un nombre entier quelconque, on a

$$\frac{\varphi_1}{2} + \frac{\varphi_2}{2} + \frac{\varphi_3}{2} + \frac{\varphi_4}{2} = K\frac{\varpi}{2}$$

ou

$$\varphi_1 + \varphi_2 + \varphi_3 + \varphi_4 = K\varpi.$$

D'ailleurs le nombre K est nécessairement impair, puisque $A_1 - A_3$ n'est pas nul.

Corollaire I. — Dans tout quadrilatère normal inscrit, le produit des coefficients angulaires de deux côtés opposés est toujours égal à $\frac{b^2}{a^2}$ (*). En effet, le théorème donne

$$\cot\left(\frac{\varphi_3}{2}+\frac{\varphi_4}{2}\right)=\tan g\left(\frac{\varphi_1}{2}+\frac{\varphi_2}{2}\right),$$

et les coefficients angulaires des deux cordes (φ_1, φ_2), (φ_3, φ_4) sont respectivement $\frac{-b^2\alpha}{a^2\beta}$, $\frac{-b^2\alpha'}{a^2\beta'}$, ou, à cause de l'équation (3) et de son analogue en α', β',

$$\frac{-b}{a}\cot\left(\frac{\varphi_1}{2}+\frac{\varphi_2}{2}\right),\quad \frac{-b}{a}\cot\left(\frac{\varphi_3}{2}+\frac{\varphi_4}{2}\right).$$

Corollaire II. — Si l'on mène les diamètres parallèles à deux côtés opposés d'un quadrilatère normal inscrit et les diamètres conjugués, chacun des deux diamètres est égal au conjugué de l'autre.

En effet, le diamètre parallèle à la corde (φ_1, φ_2) et le diamètre conjugué à la corde (φ_3, φ_4) sont respectivement égaux à

$$a^2\sin^2\frac{\varphi_1+\varphi_2}{2}+b^2\cos^2\frac{\varphi_1+\varphi_2}{2},$$

$$a^2\cos^2\frac{\varphi_3+\varphi_4}{2}+b^2\sin^2\frac{\varphi_3+\varphi_4}{2}\ (^{**}).$$

Corollaire III. — L'un des côtés du quadrilatère normal inscrit et la corde supplémentaire du côté opposé sont symétriques par rapport aux axes.

C'est une conséquence évidente de l'un ou l'autre des corollaires précédents.

Théorème II. — *Réciproquement, si quatre angles d'anomalie* φ_1, φ_2, φ_3, φ_4 *sont liés entre eux par les relations*

$$\varphi_1+\varphi_2+\varphi_3+\varphi_4=(2K+1)\varpi,$$

$$\tan g\frac{\varphi_1}{2}\tan g\frac{\varphi_2}{2}\tan g\frac{\varphi_3}{2}\tan g\frac{\varphi_4}{2}=-1,$$

(*) Dans tout quadrilatère inscrit, les deux diagonales sont considérées comme deux côtés opposés.

(**) Salmon, *Treatise on conic sections*, page 198.

on peut affirmer que les quatre normales déterminées par les angles d'anomalie se coupent en un même point du plan de l'ellipse.

En effet, soit un point (x, y) déterminé par l'intersection des normales φ_1, φ_2, et si les deux autres normales φ_3, φ_4 ne passent pas par x, y, soient φ'_3, φ'_4 les deux dernières normales.

L'équation (2) s'applique aux quatre angles φ_1, φ_2, φ'_3, φ'_4, et l'on a

$$\varphi_1 + \varphi_2 + \varphi'_3 + \varphi'_4 = (2K' + 1)\varpi,$$

$$\tang\frac{\varphi_1}{2}\tang\frac{\varphi_2}{2}\tang\frac{\varphi'_3}{2}\tang\frac{\varphi'_4}{2} = -1.$$

Mais en ayant égard aux deux équations de condition, il vient

$$\tang\frac{\varphi'_3}{2} + \tang\frac{\varphi'_4}{2} = \tang\frac{\varphi_3}{2} + \tang\frac{\varphi_4}{2},$$

$$\tang\frac{\varphi'_3}{2}\tang\frac{\varphi'_4}{2} = \tang\frac{\varphi_3}{2}\tang\frac{\varphi_4}{2};$$

$\tang\frac{\varphi'_3}{2}$ et $\tang\frac{\varphi'_4}{2}$ sont donc égales à $\tang\frac{\varphi_3}{2}$ et $\tang\frac{\varphi_4}{2}$, et le théorème est démontré.

Théorème III. — *Dans tout quadrilatère normal circonscrit, le produit des abscisses de deux sommets opposés est égal à $-a^2$, et le produit des ordonnées égal à $-b^2$.*

En effet, multipliant membre à membre les équations (4) et les équations analogues qui donnent $\frac{\beta}{b}$ et $\frac{\beta'}{b'}$, il vient, en tenant compte de l'équation (5),

$$(8) \qquad \alpha\alpha' = -a^2, \quad \beta\beta' = -b^2.$$

Théorème IV. — *La réciproque est vraie, c'est-à-dire que si deux points (α, β), (α', β') sont tels, que les équations (8) soient satisfaites, les normales menées par les extrémités des cordes qui sont les polaires des deux points, se coupent en un même point du plan.*

En effet, des équations (8) dans lesquelles (α, β), (α', β') sont remplacées par leurs valeurs en fonction des angles d'anomalie, on déduit

$$\tan g \frac{\varphi_1}{2} \tan g \frac{\varphi_2}{2} \tan g \frac{\varphi_3}{2} \tan g \frac{\varphi_4}{2} = -1,$$

$$\varphi_1 + \varphi_2 + \varphi_3 + \varphi_4 = (2K + 1)\varpi;$$

ce qui suffit, d'après le théorème II, pour que les normales se coupent au même point.

THÉORÈME V. — *La somme des quatre angles d'anomalie correspondant aux points d'intersection d'une ellipse et d'une circonférence est toujours égale à un nombre pair de fois* ϖ.

En effet, si dans l'équation d'un cercle

$$Y^2 + X^2 + AY + BX + C = 0$$

on substitue à X, Y les valeurs données par les formules (1), il vient

$$(9)\left\{\begin{aligned} &(a^2 - Ba + C)\tan g^4 \frac{\varphi}{2} + 2Ab\tan g^3 \frac{\varphi}{2} \\ &+ (4b^2 - 2a^2 + 2C)\tan g^2 \frac{\varphi}{2} + 2Ab\tan g \frac{\varphi}{2} + a^2 + Ba + C = 0. \end{aligned}\right.$$

Les coefficients de $\tan g^3 \frac{\varphi}{2}$ et $\tan g \frac{\varphi}{2}$ étant égaux, on en conclut que la somme des moitiés des angles d'anomalie est égale à $K\varpi$, et par suite que la somme des angles est égale à $2K\varpi$. La réciproque est d'ailleurs évidente.

Corollaire. — Dans tout quadrilatère inscrit à l'ellipse, dont les sommets sont sur une même circonférence, les côtés opposés sont symétriques par rapport aux axes. En effet, les coefficients angulaires des deux côtés sont égaux et de signe contraire. La démonstration est la même que pour le corol. I, th. I.

Remarque. — Si on avait admis comme un théorème connu le corollaire précédent, on aurait pu en déduire une démonstration géométrique du théorème V. En effet, il est évident que la somme des quatre angles d'anomalie est la même pour les quatre sommets du quadrilatère, et les extrémités des diamètres parallèles à deux côtés. Mais ces deux diamètres étant symétriques par rapport aux axes, pour leurs extrémités, et par suite pour les quatre sommets du quadrilatère, la somme des angles d'anomalie est égale à $2K\varpi$.

Le même genre de raisonnement fait voir que la réciproque du corollaire est vraie.

THÉORÈME VI. — *Si quatre normales à l'ellipse partent d'un même point, les pieds de trois d'entre elles et le point diamétralement opposé au pied de la quatrième sont sur une même circonférence* (JOACHIMSTAL).

En effet, quand on remplace le pied d'une normale par le point diamétralement opposé sans changer les pieds des autres, on augmente ou diminue la somme des angles d'anomalie d'un multiple impair de ϖ, et la somme des angles d'anomalie, qui était primitivement impaire, devient paire. Donc, en vertu de la réciproque du théorème IV, les quatre points en question sont sur une même circonférence.

Le théorème est aussi une conséquence évidente du corol. III, th. I, et de la réciproque du corol. th. V).

Les théorèmes qui précèdent montrent évidemment que jamais les pieds de quatre normales à l'ellipse partant d'un même point ne peuvent être sur une même circonférence.

Généralisation des théorèmes I et V.

Les théorèmes I et V conduisent naturellement à se demander dans quel cas on aura un multiple impair ou pair de ϖ pour la somme des angles d'anomalie qui correspondent aux points d'intersection de l'ellipse donnée et d'une conique quelconque.

L'équation de la seconde conique étant

$$AY^2 + BXY + CX^2 + DY + EX + F = 0,$$

en éliminant X et Y entre cette équation et les équations (1), on aura

$$(10)\quad \left\{\begin{aligned} &(Ca^2 - Ea + F)\tang^4\frac{\varphi}{2} - 2b(aB - D)\tang^3\frac{\varphi}{2} \\ &+ (4Ab^2 - 2Ca^2 + 2F)\tang^2\frac{\varphi}{2} + 2b(aB + D)\tang\frac{\varphi}{2} \\ &+ Ca^2 + Ea + F = 0, \end{aligned}\right.$$

et on trouve par la même méthode que précédemment que la somme des angles d'anomalie sera un multiple pair ou impair de ϖ, suivant qu'on aura

$$B = o, \quad Ca^2 - Ab^2 \gtrless o$$

ou

$$Ca^2 - Ab^2 = o, \quad B \gtrless o.$$

Remarques relatives à la généralisation précédente.

1. Quand la somme des angles d'anomalie est un multiple pair de ϖ, les quatre points de l'ellipse donnée sont toujours sur une même circonférence. De là et de ce qui précède on conclut évidemment que par quatre points qui ne sont pas sur une même circonférence on ne peut mener qu'une seule conique dont les axes sont parallèles à des directions données.

2. Les conditions $Ca^2 - Ab^2 = o$, $B \gtrless o$ ne sont pas évidemment suffisantes pour que les points d'intersection des deux coniques soient les pieds de quatre normales à l'ellipse donnée issues d'un même point; mais il en sera ainsi si on adjoint aux deux conditions précédentes l'équation

$$Ca^2 + F = o.$$

Pour trouver cette équation, il suffit évidemment d'écrire que dans l'équation (10) comme dans l'équation (2) les coefficients du premier et du dernier terme sont égaux et de signe contraire.

3. Si les deux équations

$$B = o, \quad Ca^2 - Ab^2 = o$$

avaient simultanément lieu, c'est-à-dire si les deux coniques étaient homothétiques, on trouverait pour

$$\text{tang}\left(\frac{\varphi_1}{2} + \frac{\varphi_2}{2} + \frac{\varphi_3}{2} + \frac{\varphi_4}{2}\right)$$

une valeur indéterminée. Voici l'explication qu'on peut donner de ce fait.

Lorsqu'on a, comme nous le supposons ici,

$$A_1 - A_3 = o, \quad A_0 - A_2 + A_4 = o,$$

en divisant par $1+\tang^2\frac{\varphi}{2}$ le premier membre de l'équation

$$A_0\tang^4\frac{\varphi}{2}+A_1\tang^3\frac{\varphi}{2}+A_2\tang^2\frac{\varphi}{2}+A_3\tang\frac{\varphi}{2}+A_4=0,$$

on trouve un reste nul et pour quotient

$$A_0\tang^2\frac{\varphi}{2}+A_1\tang\frac{\varphi}{2}-A_4=0.$$

Cette dernière équation donnera pour l'angle φ deux valeurs φ_1 et φ_2 réelles ou imaginaires, mais l'équation

$$1+\tang^2\frac{\varphi}{2}=0$$

donne pour $\tang\frac{\varphi}{2}$ deux valeurs $+\sqrt{-1}$ et $-\sqrt{-1}$, et par suite pour les arcs φ_3 et φ_4 les valeurs $+\infty$ et $-\infty$; la somme des quatre angles doit donc être indéterminée.

Cas de la normale double.

Faisons voir d'abord que l'équation (7) représente la développée de l'ellipse, c'est-à-dire l'enveloppe de ses normales.

L'équation de la normale au point φ_1 peut se mettre sous l'une ou l'autre des deux formes

$$y=\frac{a}{b}\tang\varphi_1 x-\frac{c^2}{b}\sin\varphi_1,$$

$$x=\frac{b}{a}\cot\varphi_1 y+\frac{c^2}{b}\cos\varphi_1,$$

et en prenant la dérivée des équations par rapport à φ_1, il vient

$$(11)\qquad x=\frac{c^2}{a}\cos^3\varphi_1,\quad y=-\frac{c^2}{b}\sin^3\varphi_1,$$

et par l'élimination de φ_1 on a l'équation (7).

On peut encore trouver l'équation (7) comme équation du lieu des centres de courbure des différents points de l'ellipse.

Soient φ', φ'', φ''', φ^{IV} les quatre points d'intersection d'un cercle quelconque et de l'ellipse ; en supposant les trois points φ', φ''', φ^{IV} confondus en un seul, nous aurons

$$3\varphi' + \varphi'' = 2K\varpi$$

et par suite pour les coordonnées x', y' du milieu de la corde (φ', φ'')

$$y' = -b\sin\varphi' \cos 2\varphi', \quad x' = a\cos\varphi' \cos 2\varphi'.$$

D'ailleurs en général, les deux cordes (φ', φ''), $(\varphi''', \varphi^{\text{IV}})$ étant symétriques par rapport aux axes (corol. th. V), la normale au point φ' et la perpendiculaire au milieu de la corde (φ', φ'') font des angles égaux avec les axes. On aura donc les coordonnées du centre de courbure en résolvant les deux équations

$$y = \frac{a\sin\varphi'}{b\cos\varphi'}x - \frac{c^2}{b}\sin\varphi',$$

$$y = -\frac{a\sin\varphi'}{b\cos\varphi'}x + \frac{c^2}{b}\sin\varphi'\cos 2\varphi',$$

ce qui donne

$$x = \frac{c^2}{a}\cos^3\varphi', \quad y = -\frac{c^2}{b}\sin^3\varphi',$$

et par suite l'équation (7).

On obtiendra facilement les expressions connues du rayon de courbure.

Problème. — Séparer les normales simples de la normale double.

φ_1 étant le pied de la normale double et φ_2, φ_3 les pieds des deux normales simples, on se propose de trouver deux équations l'une entre φ_1 et φ_2 ou φ_3, l'autre entre φ_2 et φ_3.

Pour cela faisant $\varphi_4 = \varphi_1$ dans les deux équations

$$\varphi_1 + \varphi_2 + \varphi_3 + \varphi_4 = (2K+1)\varpi,$$

$$\operatorname{tang}\frac{\varphi_1}{2}\operatorname{tang}\frac{\varphi_2}{2}\operatorname{tang}\frac{\varphi_3}{2}\operatorname{tang}\frac{\varphi_4}{2} = -1.$$

il viendra

$$\varphi_1 + \frac{\varphi_2}{2} + \frac{\varphi_3}{2} = K\varpi + \frac{\varpi}{2}, \quad \operatorname{tang}^2\frac{\varphi_1}{2}\operatorname{tang}\frac{\varphi_2}{2}\operatorname{tang}\frac{\varphi_3}{2} = -1.$$

et en éliminant tang $\frac{\varphi_3}{2}$ entre ces deux équations, on aura

$$\frac{1 - \operatorname{tang}^2 \frac{\varphi_1}{2} \operatorname{tang}^2 \frac{\varphi_2}{2}}{1 - \operatorname{tang}^4 \frac{\varphi_1}{2}} + \frac{\operatorname{tang} \frac{\varphi_2}{2}}{\operatorname{tang} \frac{\varphi_1}{2}} = 0,$$

ou bien

$$\frac{1 - \operatorname{tang}^2 \frac{\varphi_2}{2}}{1 - \operatorname{tang}^2 \frac{\varphi_1}{2}} + \frac{1 + \operatorname{tang}^2 \frac{\varphi_2}{2}}{1 + \operatorname{tang}^2 \frac{\varphi_1}{2}} + \frac{\operatorname{tang} \frac{\varphi_2}{2}}{\operatorname{tang} \frac{\varphi_1}{2}} = 0,$$

et enfin

$$(12) \qquad \frac{\cos\varphi_2}{\cos\varphi_1} + \frac{\sin\varphi_2}{\sin\varphi_1} = -1.$$

L'équation (12) est la première équation demandée. On aura évidemment aussi

$$(13) \qquad \frac{\cos\varphi_3}{\cos\varphi_1} + \frac{\sin\varphi_3}{\sin\varphi_1} = -1.$$

Avant de chercher la relation entre φ_2 et φ_3 remarquons que des équations (12) et (13) on tire

$$\sin^2\varphi_2 + 2\sin\varphi_1\cos^2\varphi_1\sin\varphi_2 - \sin^4\varphi_1 = 0,$$

$$\cos^2\varphi_2 + 2\cos\varphi_1\sin^2\varphi_1\cos\varphi_2 - \cos^4\varphi_1 = 0,$$

ou les équations qui se déduisent de celles-là en changeant φ_2 en φ_3; par suite on a

$$(14) \quad \begin{cases} \sin\varphi_2\sin\varphi_3 = -\sin^4\varphi_1, \quad \cos\varphi_2\cos\varphi_3 = -\cos^4\varphi_1, \\ \sin\varphi_2 - \sin\varphi_3 = \pm\sin\varphi_1\sqrt{4 - \sin^2 2\varphi_1}, \\ \cos\varphi_2 - \cos\varphi_3 = \mp\cos\varphi_1\sqrt{4 - \sin^2 2\varphi_1}. \end{cases}$$

Ces relations nous seront plusieurs fois utiles.

Maintenant de l'équation

$$2\varphi_1 + \varphi_2 + \varphi_3 = (2K + 1)\pi$$

on déduit

$$\cos(\varphi_2+\varphi_3) = -\cos 2\varphi_1,$$

$$[1+\cos(\varphi_2+\varphi_3)]^2 = 4\sin^4\varphi_1 = -4\sin\varphi_2\sin\varphi_3,$$

$$(15)\qquad 1+\cos^2(\varphi_2+\varphi_3)+2\cos(\varphi_2-\varphi_3) = 0,$$

l'équation (15) est la seconde équation demandée.

Soient ABC un triangle inscrit dans l'ellipse dont les sommets sont les pieds des trois normales et DEF le triangle circonscrit qui touche l'ellipse aux mêmes points. Supposons d'ailleurs que A soit le pied de la normale double et D le pôle de la corde BC.

Les équations (12) et (15) peuvent être considérées comme étant les équations dans le système *bianomalistique* (*), la première du lieu des sommets E et F, la seconde du sommet D, lorsque le point de départ des normales se déplace sur la développée.

Mais on peut trouver très-simplement l'équation des deux courbes dans le système ordinaire de coordonnées.

Soient α_1, β_1 les coordonnées du point D (α_2, β_2), (α_3, β_3) celles des points E et F. Ces deux derniers points étant situés sur la tangente au point A, on a

$$(16)\qquad \frac{\alpha_2}{a}\cos\varphi_1+\frac{\beta_2}{b}\sin\varphi_1 = 1,$$

$$\frac{\alpha_3}{a}\cos\varphi_1+\frac{\beta_3}{b}\sin\varphi_1 = 1;$$

mais à cause des relations

$$\alpha_2\alpha_3 = -a^2,\quad \beta_2\beta_3 = -b^2\ (^{**}),$$

la seconde équation devient

$$(17)\qquad \frac{a}{\alpha_2}\cos\varphi_1+\frac{b}{\beta_2}\sin\varphi_1 = -1;$$

éliminant maintenant $\sin\varphi_1$ et $\cos\varphi_1$ entre les équations (16), (17) et

$$\sin^2\varphi_1+\cos^2\varphi_1 = 1,$$

(*) Dans ce système, un point est déterminé par l'intersection des tangentes aux points φ_1 et φ_2.

(**) Le théorème III est encore applicable.

il vient

$$(18)\qquad \left(\frac{\alpha^2}{a^2}+\frac{\beta^2}{b^2}-1\right)\left(\frac{a^2}{\alpha^2}+\frac{b^2}{\beta^2}-1\right)=9,$$

α et β désignant à la fois (α_1, β_1), (α_2, β_2).

L'équation (18) est l'équation du premier lieu.

Pour trouver l'équation du second lieu, remarquons que le point D étant l'intersection des tangentes aux points φ_2 et φ_3, on a

$$\frac{\alpha_1}{a}\cos\varphi_2+\frac{\beta_1}{b}\sin\varphi_2=1,$$

$$\frac{\alpha_1}{a}\cos\varphi_3+\frac{\beta_1}{b}\sin\varphi_3=1,$$

d'où, à cause des équations (12) et (13),

$$(19)\qquad \frac{a}{\alpha_1}=-\cos\varphi_1,\quad \frac{b}{\beta_1}=-\sin\varphi_1,$$

par suite l'équation du lieu du point D est, en supprimant l'accent de α et β,

$$(20)\qquad \frac{a^2}{\alpha^2}+\frac{b^2}{\beta^2}-1=0\ (*).$$

Remarque. — Les coordonnées α_1, β_1 du point D sont données très-simplement par les équations (19). Je dis que celles des points E et F seront données par les équations

$$(21)\qquad \begin{cases} \dfrac{\alpha_2}{a}=\dfrac{\cos^2\varphi_1}{\cos\varphi_2}, & \dfrac{\beta_2}{b}=\dfrac{\sin^2\varphi_1}{\sin\varphi_2},\\[2mm] \dfrac{\alpha_3}{a}=\dfrac{\cos^2\varphi_1}{\cos\varphi_3}, & \dfrac{\beta_3}{b}=\dfrac{\sin^2\varphi_1}{\sin\varphi_3}. \end{cases}$$

Démontrons, par exemple, les deux premières formules. Pour cela remplaçons, dans les équations (16) et (17), $\frac{\alpha_2}{a}$ et $\frac{\beta_2}{b}$ par les valeurs que donnent ces formules, nous aurons

$$\frac{\cos^3\varphi_1}{\cos\varphi_2}+\frac{\sin^3\varphi_1}{\sin\varphi_2}=1,\qquad \frac{\cos\varphi_2}{\cos\varphi_1}+\frac{\sin\varphi_2}{\sin\varphi_1}=-1.$$

(*) Cette équation est aussi la conséquence immédiate du théorème III.

Mais en tenant compte des relations $\cos\varphi_2 \cos\varphi_3 = -\cos^2\varphi_1$, $\sin\varphi_2 \sin\varphi_3 = -\sin^2\varphi_1$, la première équation devient

$$\frac{\cos\varphi_3}{\cos\varphi_1} + \frac{\sin\varphi_3}{\sin\varphi_1} = -1$$

et on retombe ainsi sur des équations démontrées.

Nous allons donner encore quelques propriétés des triangles ABC, DEF.

Le côté BC *du triangle inscrit, c'est-à-dire la corde qui joint les pieds de deux normales simples, est toujours normal à l'ellipse.*

$$(22) \qquad \left(\frac{c^2 x}{ab^2}\right)^2 + \left(\frac{c^2 y}{ba^2}\right)^2 = 1.$$

En effet le côté BC qui a pour pôle le point A, a pour équation

$$(23) \qquad \frac{y}{b\sin\varphi_1} + \frac{x}{a\cos\varphi_1} = -1;$$

mais d'autre part la normale au point $[(2K+1)\varpi - \varphi_1]$ d'une ellipse qui aurait des axes $2a'$, $2b'$ de même direction que ceux de l'ellipse donnée a pour équation

$$\frac{b'y}{c'^2\sin\varphi_1} + \frac{a'x}{c'^2\cos\varphi_1} = -1;$$

en identifiant les deux équations, on trouve facilement

$$a' = \frac{ab^2}{c^2}, \quad b' = \frac{ba^2}{c^2},$$

le théorème est donc démontré.

Remarque. — L'équation (23) étant l'équation de la droite qui joint les projections sur les axes du point $[(2K+1)\varpi + \varphi_1]$ de l'ellipse donnée. On a ce théorème :

Si on projette un point de l'ellipse sur les axes et qu'on trace la corde qui passe par ces projections, cette corde est normale à une seconde ellipse, et les normales menées par ses extrémités se coupent en un point situé sur la développée de l'ellipse donnée.

Calculer les surfaces des triangles ABC, DEF *en fonction de l'angle* φ_1.

On a d'abord

$$\text{ABC} = \frac{ab}{2}[\cos\varphi_1(\sin\varphi_3 - \sin\varphi_2) + \cos\varphi_2(\sin\varphi_1 - \sin\varphi_3) + \cos\varphi_3(\sin\varphi_2 - \sin\varphi_1)];$$

mais la somme des deux derniers termes dans la parenthèse est évidemment égale à

$$\sin\varphi_1(\cos\varphi_2 - \cos\varphi_3) + \sin(\varphi_2 - \varphi_3),$$

ou, à cause des équations (12) et (13),

$$2\sin\varphi_1(\cos\varphi_2 - \cos\varphi_3),$$

on a donc

$$\text{ABC} = \frac{ab}{2}[\cos\varphi_1(\sin\varphi_3 - \sin\varphi_2) + 2\sin\varphi_1(\cos\varphi_2 - \cos\varphi_3)],$$

et en mettant pour $\sin\varphi_3 - \sin\varphi_2$, $\cos\varphi_2 - \cos\varphi_3$ les valeurs données par deux des équations (14),

$$\text{ABC} = \frac{3}{4}ab\sin 2\varphi_1\sqrt{4 - \sin^2 2\varphi_1}.$$

On résout encore la question simplement en multipliant BC par la hauteur correspondante.

Cherchons maintenant la surface du triangle DEF.

On a comme précédemment

$$\text{DEF} = ab\left[\frac{\beta_1(\alpha_3 - \alpha_2) + (\beta_2 - \beta_3)\alpha_1 + (\alpha_2\beta_3 - \beta_2\alpha_3)}{2}\right].$$

Mais en prenant les valeurs des coordonnées des trois sommets D, E, F, qui sont données par les équations (19) et (21) et se servant comme précédemment des équations (12) et (13), on a facilement

$$\alpha_2\beta_3 - \beta_2\alpha_3 = \beta_1(\alpha_3 - \alpha_2),$$

donc

$$\text{DEF} = ab\left[\frac{2\beta_1(\alpha_3 - \alpha_2) + \alpha_1(\beta_2 - \beta_3)}{2}\right],$$

et enfin en remettant pour les coordonnées de D, E, F leurs valeurs et utilisant les équations (14), il vient

$$\mathrm{DEF} = \frac{3ab\sqrt{4 - \sin^2 2\varphi_1}}{\sin 2\varphi_1}.$$

Les expressions de ABC et de DEF montrent que *le premier triangle aura une surface maximum et le second une surface minimum, lorsque le point de départ des trois normales sera l'un des quatre points où les diamètres conjugués égaux de l'ellipse rencontrent la développée.*

Pour terminer ce qui est relatif au cas de la normale double, nous proposerons comme exercices la recherche des deux lieux suivants :

1. Trouver le lieu des milieux des cordes qui joignent les pieds de deux normales simples.

(équation du lieu) $(a^2y^2 + b^2x^2)^3 = a^4b^4x^2y^2$.

2. Trouver le lieu des centres des circonférences circonscrites au triangle ABC.

(équation du lieu) $4(a^2x^2 + b^2y^2)^3 = a^2b^2c^4x^2y^2$.

Toutes les propriétés des normales ont été démontrées jusqu'ici en prenant pour point de départ l'équation (2) donnée pour la première fois par Legendre. Mais on fera aussi intervenir utilement les équations suivantes :

$$(24)\ \begin{cases} c^4\sin^4\varphi + 2c^2by\sin^3\varphi + (a^2x^2 + b^2y^2 - c^4)\sin^2\varphi \\ -2c^2by\sin\varphi - b^2y^2 = 0, \end{cases}$$

$$(25)\ \begin{cases} c^4\cos^4\varphi - 2c^2ax\cos^3\varphi + (a^2x + b^2y^2 - c^4)\cos^2\varphi \\ -2ac^2x\cos\varphi - a^2x^2 = 0, \end{cases}$$

$$(26)\ \begin{cases} a^2x^2\operatorname{tang}^4\varphi - 2abxy\operatorname{tang}^3\varphi + (a^2x^2 + b^2y^2 - c^4)\operatorname{tang}^2\varphi \\ -2abxy\operatorname{tang}\varphi + b^2y^2 = 0. \end{cases}$$

Exemple 1. — *Le lieu des points tels, que la somme des carrés des normales menées de ce point à l'ellipse est une quantité constante, est une ellipse ou une hyperbole ayant mêmes axes que l'ellipse donnée.*

Soit ΣN^2 la somme des carrés des quatre normales, on a

$$\Sigma N^2 = 4(x^2+y^2+b^2) - 2ax\,\Sigma\cos\varphi - 2by\,\Sigma\sin\varphi + c^2\Sigma\cos^2\varphi$$

et il ne reste plus qu'à remplacer $\Sigma\cos\varphi$, $\Sigma\sin\varphi$, $\Sigma\cos^2\varphi$ par leurs valeurs tirées des équations (24) et (25).

On obtient ainsi

$$\Sigma N^2 = \frac{2(a^2-2b^2)}{c^2}x^2 + \frac{2(2a^2-b^2)}{c^2}y^2 + 2(a^2+b^2),$$

et on voit que le lieu sera une ellipse lorsque $\frac{a}{c}$ sera plus grand que $\sqrt{2}$ ou plus petit que $\frac{\sqrt{2}}{2}$, et dans le cas contraire une hyperbole.

Exemple II. — La somme algébrique des produits qu'on obtient en multipliant chaque normale par la projection sur cette ligne de la droite qui joint son pied au centre, est une quantité constante égale à $2(a^2+b^2)$.

En effet, si on désigne par p la projection dont nous venons de parler, on trouve facilement

$$\frac{1}{\cos\varphi} = \frac{a^2-(\pm Np)}{ax},$$

et par l'équation (25) on a

$$\Sigma\frac{1}{\cos\varphi} = \frac{2c^2}{ax},$$

donc

$$\Sigma(\pm Np) = 2(a^2+b^2).$$

On voit facilement d'ailleurs qu'il faut prendre le signe + ou le signe — devant Np, suivant que le centre se projette entre le pied de la normale et le point donné ou au delà.

Corollaire. — Si l'on projette sur les rayons vecteurs des pieds des normales issues d'un même point, les longueurs comprises entre ce point et les quatre pieds, la somme des projections est une quantité constante.

Le théorème et son corollaire sont dus à M. Joachimstal.

Exemple III. — Trouver le lieu des points d'intersection de deux normales menées par les extrémités d'une corde (φ_1, φ_2)

satisfaisant à l'une des conditions suivantes :

$$\varphi_2 + \varphi_1 = \text{constante}, \quad \varphi_2 - \varphi_1 = K\varpi + \frac{\varpi}{2},$$

$$\text{arc tang} \frac{b}{a} \text{tang} \varphi_2 - \text{arc tang} \frac{b}{a} \text{tang} \varphi_1 = K\varpi + \frac{\varpi}{2},$$

c'est-à-dire que la corde reste parallèle à elle-même, ou passe par les extrémités de deux diamètres conjugués ou rectangulaires.

On emploiera l'équation (26) dont l'usage équivaut du reste à celui de l'équation qu'on obtient en faisant disparaître le radical dans l'équation de la normale parallèle à une direction donnée. Les relations entre les coefficients et les racines conduisent assez facilement au but, mais dans le second cas il sera plus simple d'éliminer tang φ entre l'équation (26) et l'équation qu'on en déduit en y changeant tang φ en $\frac{-1}{\text{tang}\varphi}$, ou mieux encore on se servira de l'équation de la normale sous la forme

$$2b \cos\varphi\, y - 2a \sin\varphi\, x = - c^2 \sin 2\varphi \quad (*).$$

En même temps qu'on cherche le lieu des points d'intersection des normales correspondantes aux extrémités des cordes (φ_1, φ_2), on peut se proposer de trouver le lieu des pôles de ces mêmes cordes ; pour cela, on se servira de l'équation (3) où d'une des équations

$$(27) \quad (a^2\beta^2 + b^2\alpha^2)\sin^2\varphi - 2a^2b\beta\sin\varphi + b^2(\alpha^2 - a^2) = 0,$$

$$(28) \quad (a^2\beta^2 + b^2\alpha^2)\cos^2\varphi - 2ab^2\alpha\cos\varphi + a^2(b^2 - \beta^2) = 0,$$

$$(29) \quad a^2(b^2 - \beta^2)\,\text{tang}^2\varphi - 2ab\alpha\beta\,\text{tang}\varphi + b^2(a^2 - \alpha^2) = 0,$$

dans lesquelles φ a pour valeur φ_1, φ_2, et α, β sont les pôles de la corde.

Mais on peut résoudre une question plus complète et se proposer, connaissant une relation entre φ_1 et φ_2, de trouver les lieux géométriques de tous les sommets du quadrilatère normal circonscrit.

(*) Les trois lieux sont donnés plus loin, pages 29 et 30.

Soient $\varphi_1, \varphi_2, \varphi_3, \varphi_4$, les quatre points de contact.

Supposons qu'on ait d'abord trouvé, comme il a été dit tout à l'heure, l'équation du lieu décrit par le pôle α, β de la corde (φ_1, φ_2),

$$\varphi(\alpha, \beta) = 0; \tag{30}$$

d'après le théorème III on aura immédiatement le lieu du sommet opposé α', β' en remplaçant dans l'équation (30) α et β par $\frac{-a^2}{\alpha'}$ et $\frac{-b^2}{\beta'}$. Maintenant pour trouver le lieu des autres sommets, nous allons exprimer α et β en fonctions des coordonnées x et y d'un des quatre autres sommets.

Supposons que le point (x, y) soit le pôle de la corde (φ_1, φ_3).

Les équations des deux tangentes φ_1 et φ_3 qui déterminent le point (x, y) par leur intersection doivent être satisfaites par les coordonnées α, β, α', β'; on a donc

$$b\alpha \cos\varphi_1 + a\beta \sin\varphi_1 = ab,$$
$$b\alpha' \cos\varphi_3 + a\beta' \sin\varphi_3 = ab.$$

Résolvant maintenant ces deux équations par rapport à $\beta \sin\varphi_1$ et $\beta' \sin\varphi_3$, multipliant membre à membre et tenant compte des relations

$$\alpha\alpha' = -a^2, \quad \beta\beta' = -b^2,$$

il vient

$$a[1 - \cos(\varphi_1 + \varphi_3)] = \alpha \cos\varphi_1 + \alpha' \cos\varphi_3.$$

Mais à cause des équations (27) et (28) dans lesquelles on remplace α et β par x et y et où φ a pour valeurs φ_1 et φ_3, on obtient

$$\alpha \cos\varphi_1 + \alpha' \cos\varphi_3 = \frac{2a^3y^2}{a^2y^2 + b^2x^2};$$

mais on a aussi

$$\alpha \cos\varphi_1 \times \alpha' \cos\varphi_3 = \frac{a^4(y^2 - b^2)}{a^2y^2 + b^2x^2},$$

$\alpha \cos\varphi_1$ et $\alpha' \cos\varphi_3$ sont donc racines de l'équation

$$(a^2y^2 + b^2x^2)\alpha^2 \cos^2\varphi - 2a^3y^2\alpha\cos\varphi + a^4(y^2 - b^2) = 0. \tag{31}$$

Cette équation donne

$$\alpha \cos\varphi = \frac{a^2(ay^2 \pm b\sqrt{a^2y^2 + b^2x^2 - x^2y^2})}{a^2y^2 + b^2x^2};$$

mais on a aussi

$$(32)\quad (a^2y^2+b^2x^2)\cos^2\varphi - 2ab^2x\cos\varphi + a^2(b^2-y^2)=0,$$

d'où

$$\cos\varphi = \frac{a(b^2x \pm y\sqrt{a^2y^2+b^2x^2-a^2b^2})}{a^2y^2+b^2x^2},$$

et par suite

$$(33)\qquad \frac{\alpha}{a} = \frac{ay^2 \pm b\sqrt{a^2y^2+b^2x^2-x^2y^2}}{b^2x \pm y\sqrt{a^2y^2+b^2x^2-a^2b^2}},$$

on a de même

$$(34)\qquad \frac{\beta}{b} = \frac{bx^2 \pm a\sqrt{a^2y^2+b^2x^2-x^2y^2}}{a^2y \pm x\sqrt{a^2y^2+b^2x^2-a^2b^2}}.$$

L'équation du lieu des quatre derniers sommets s'obtiendra en remplaçant dans l'équation (30) α et β par les valeurs que donnent les équations (32) et (34). Cette équation, après la disparition des radicaux et des facteurs étrangers, pourra être irréductible ou non. Pour décider la question, on s'aidera utilement de cette remarque que l'équation ne doit pas changer quand on y remplace x et y par $\frac{-a^2}{x}$ et $\frac{-b^2}{y}$.

Pour donner un exemple de l'application de la méthode, supposons que le sommet du quadrilatère normal circonscrit décrive une ligne droite parallèle à l'axe des y, on voit alors immédiatement que le sommet opposé décrit une autre parallèle au même axe.

Pour trouver le lieu des autres sommets, désignons par m une constante et posons $\frac{\alpha}{a}=m$ dans l'équation (33), il ne restera plus qu'à faire disparaître les radicaux.

Isolant les radicaux dans un membre, élevant au carré deux fois, supprimant le terme $4a^2b^4m^2x^2y^4$, commun aux deux membres, puis le facteur étranger $(a^2y^2+b^2x^2)(b^2-y^2)$, il vient, toutes réductions faites,

$$\begin{aligned}a^2(m^2-1)^2y^4 + b^2(m^2+1)^2x^2y^2 + 4ab^2m(m^2-1)xy^2\\ - a^2b^2(m^2+1)^2y^2 - b^4(m^2-1)^2x^2 = 0.\end{aligned}$$

Si on n'avait voulu que trouver l'équation précédente, on l'eût immédiatement obtenue sans facteurs étrangers, en éliminant

$\cos\varphi$ entre les équations (31) et (32). On s'assure d'ailleurs que, sauf le cas où $m = \pm 1$, elle est irréductible.

Lorsque l'équation entre φ_1 et φ_2 est très-simple, et qu'on veut avoir le lieu des quatre derniers sommets du quadrilatère, ce serait souvent prendre un détour inutile que de chercher d'abord l'équation (30). Alors on éliminera φ_1 et φ_2 entre l'équation donnée et l'une des deux équations suivantes, qu'on obtient en remplaçant dans l'équation (3) α et β par x, y ou $\frac{-a^2}{x}$ et $\frac{-b^2}{y}$, φ par φ_1 ou φ_2,

$$(35)\quad \begin{cases} b(a+x)\tang^2\dfrac{\varphi_1}{2} - 2ay\tang\dfrac{\varphi_1}{2} - b(x-a) = 0, \\ y(a-x)\tang^2\dfrac{\varphi_2}{2} - 2bx\tang\dfrac{\varphi_2}{2} - (a+x)y = 0 \ (*). \end{cases}$$

Exemple I. $\varphi_2 = \varphi_1$. (C'est le problème de la page 13.)

On remplace φ_2 par φ_1 dans la dernière équation, et éliminant alors φ_1 entre les équations (35), on a immédiatement l'équation (18) sans facteurs étrangers.

Exemple II. $\varphi_2 - \varphi_1 = K\varpi + \frac{\varpi}{2}$.

Suivant que K sera pair ou impair, on aura

$$\tang\frac{\varphi_2}{2} = \frac{1+\tang\dfrac{\varphi_1}{2}}{1-\tang\dfrac{\varphi_2}{2}}, \qquad \tang\frac{\varphi_2}{2} = \frac{\tang\dfrac{\varphi_2}{2} - 1}{1+\tang\dfrac{\varphi_1}{2}};$$

remplaçant $\tang\frac{\varphi_2}{2}$ successivement par l'une ou l'autre de ces deux valeurs dans la seconde des équations (35), et faisant dans chaque cas l'élimination, on trouve pour le lieu demandé deux courbes distinctes du sixième degré,

$$b^2x^2(xy+ab)^2 + a^2y^2(xy-ab)^2 - 4a^2b^2x^2y^2 = 0,$$
$$b^2x^2(xy-ab)^2 + a^2y^2(xy+ab)^2 - 4a^2b^2x^2y^2 = 0.$$

Remarque. — Si, au lieu d'employer les équations (35), on s'était servi des équations analogues en $\tang\varphi$, ou si on avait d'abord cherché le lieu du pôle de la corde (φ_1, φ_2), on aurait

(*) La première équation a pour racines φ_1, φ_1'; la seconde φ_2, φ_2'.

trouvé une équation du douzième degré, dont le premier membre eût été le produit des premiers membres des équations précédentes. Ce résultat est d'autant plus remarquable que, si on traite la question analogue pour le pôle de la corde (φ_1, φ_2), on trouve toujours l'équation irréductible

$$a^2\beta^2 + b^2\alpha^2 = 2a^2b^2,$$

lorsqu'on emploie l'équation (3) ou l'équation (29).

Exercices proposés. — Traiter les deux exemples suivants :

$$\varphi_2 + \varphi_1 = \text{constante},$$

$$\text{arc tang}\frac{b}{a}\,\text{tang}\,\varphi_2 - \text{arc tang}\frac{b}{a}\,\text{tang}\,\varphi_1 = K\varpi + \frac{\varpi}{2}.$$

Étant donné toujours le lieu d'un des sommets du quadrilatère normal circonscrit, on peut se proposer encore de trouver les enveloppes des polaires des six sommets. En général on sera conduit, en suivant la méthode ordinaire, à des éliminations pénibles, surtout pour les quatre derniers sommets. Mais voici un théorème général, qui dans un certain nombre de cas dispense de tout calcul d'élimination.

THÉORÈME. — *Si le sommet* (α, β) *du quadrilatère décrit la courbe*

$$\left(\frac{\alpha}{p}\right)^m + \left(\frac{\beta}{q}\right)^m = 1$$

(*m étant un nombre entier ou fractionnaire*), *le sommet* α', β', *comme on le sait, décrira la courbe*

$$\left(\frac{-a^2}{p\alpha'}\right)^m + \left(\frac{-b^2}{q\beta'}\right)^m = 1,$$

et les polaires des deux sommets envelopperont respectivement les courbes dont les équations sont

$$\left(\frac{px}{a^2}\right)^{\frac{m}{m-1}} + \left(\frac{qx}{b^2}\right)^{\frac{m}{m-1}} = 1,$$

$$\left(\frac{-x'}{p}\right)^{\frac{m}{m+1}} + \left(\frac{-y'}{q}\right)^{\frac{m}{m+1}} = 1.$$

La démonstration est intuitive par le théorème III.

Applications.

$m = 1$. Alors le sommet donné décrit une ligne droite, le sommet opposé une hyperbole, et la polaire de ce dernier sommet enveloppe une parabole.

$m = 2$. La courbe donnée a pour équation

$$\left(\frac{\alpha}{p}\right)^2 + \left(\frac{\beta}{q}\right)^2 = 1,$$

et les équations des trois autres courbes sont

$$\left(\frac{a^2}{p\alpha'}\right)^2 + \left(\frac{b^2}{q\beta'}\right)^2 = 1, \quad \left(\frac{px}{a^2}\right)^2 + \left(\frac{qx}{b^2}\right)^2 = 1,$$

$$\left(\frac{x'}{p}\right)^{\frac{2}{3}} + \left(\frac{y'}{p}\right)^{\frac{2}{3}} = 1.$$

La dernière équation montre que la corde, qui est la polaire du sommet opposé à celui qui décrit l'ellipse donnée, est constamment normale à une autre ellipse.

On pourra prendre par exemple pour p les valeurs a, $\sqrt{a^2+b^2}$, $\frac{a}{\sqrt{2}}$, et pour q les valeurs correspondantes b, $\sqrt{a^2+b^2}$, $\frac{a}{\sqrt{2}}$. Alors le sommet du quadrilatère décrira l'ellipse donnée elle-même, ou sera le sommet d'un angle dont les côtés seront perpendiculaires entre eux ou parallèles à deux diamètres conjugués.

Le premier cas a déjà été traité directement, page 14.

Hyperbole. — Les coordonnées X et Y d'un point de l'hyperbole sont données par les équations

$$X = \frac{a\left(1 + \operatorname{tang}^2\frac{\varphi}{2}\right)}{1 - \operatorname{tang}^2\frac{\varphi}{2}}, \quad Y = \frac{2b \operatorname{tang}\frac{\varphi}{2}}{1 - \operatorname{tang}^2\frac{\varphi}{2}},$$

φ étant un angle facile à construire, et que nous appellerons encore l'angle d'anomalie.

On voit que les valeurs de X et de Y relatives à l'hyperbole se déduisent de celles que nous avons trouvées pour l'ellipse par le changement de b en $-b\sqrt{-1}$, et de $\tang\frac{\varphi}{2}$ en $\tang\frac{\varphi}{2}\cdot\sqrt{-1}$. Cette simple remarque fait voir qu'en général les problèmes d'énoncé analogue se résolvent d'une manière semblable pour l'hyperbole et pour l'ellipse, comme on pourra s'en assurer; quant aux théorèmes, on verra de la même manière quels sont ceux qui subsistent encore pour l'hyperbole.

Ainsi on voit que l'équation (2) conserve encore sa propriété caractéristique par le changement de b et $\tang\frac{\varphi}{2}$ en $-b\sqrt{-1}$ et $\tang\frac{\varphi}{2}\cdot\sqrt{-1}$, tandis qu'il n'en est plus de même de l'équation (7). Par suite, les théorèmes I, II, III et IV ont encore lieu (dans l'énoncé du théorème III, changez b^2 en $-b^2$), tandis que le théorème V n'a plus lieu. Quant au théorème VI, la première démonstration donnée pour l'ellipse n'est plus applicable à l'hyperbole, mais la seconde convient encore (*).

Parabole. — Lorsque la parabole est rapportée à son axe et à la tangente au sommet, l'abscisse s'exprime rationnellement en fonction de l'ordonnée, et en général il n'y aura aucun avantage à prendre un angle pour variable auxiliaire. Mais nous donnerons dans la seconde partie une méthode applicable aux trois courbes, pour traiter les questions qui nous ont occupé précédemment.

Généralisation du problème des normales pour les coniques à centre.

La normale et la tangente en un point d'une conique peuvent être considérées comme parallèles à deux diamètres conjugués d'un cercle quelconque tracé dans le plan; on est ainsi conduit à généraliser de la manière suivante le problème de la normale menée d'un point à une conique à centre.

(*) La démonstration de la réciproque du corollaire (théorème V), sur lequel on s'appuie, ne peut servir que pour l'ellipse; mais on sait démontrer la proposition de bien des manières pour les deux coniques à centre.

Mener d'un point à une conique à centre une droite qui soit la conjuguée (*) de la tangente à son pied par rapport à une autre conique à centre tracée dans le plan.

Prenons pour exemple l'ellipse.

Si on prend pour axes les deux diamètres conjugués de la conique qui sont parallèles à deux diamètres conjugués de l'ellipse auxiliaire et qu'on désigne par a, b, a', b' les demi-longueurs de ces diamètres dans les deux coniques et par φ l'angle d'anomalie compté à partir du demi-diamètre a, les coordonnées x et y d'un point de l'ellipse seront toujours données par les équations (1). D'ailleurs m et m' étant les coefficients angulaires de la tangente et de la droite conjuguée menée par le point de contact, on a

$$m = \frac{-b}{a \operatorname{tang} \varphi}, \quad mm' = \frac{\mp b'^2}{a'^2},$$

d'où, en posant $\pm \dfrac{ab'^2}{ba'^2} = n$,

$$m' = n \operatorname{tang} \varphi;$$

donc l'équation de la droite qui est la conjuguée de la tangente en son pied φ est

$$y - b \sin \varphi = n \operatorname{tang} \varphi (x - a \cos \varphi).$$

Remplaçant dans cette équation $\sin\varphi$, $\cos\varphi$ et $\operatorname{tang}\varphi$ par leurs valeurs en fonction de $\operatorname{tang}\frac{\varphi}{2}$, il viendra

$$(36) \quad \left\{ \begin{array}{l} y \operatorname{tang}^4 \dfrac{\varphi}{2} + 2(na - b + nx) \operatorname{tang}^3 \dfrac{\varphi}{2} \\ - 2(na - b - nx) \operatorname{tang} \dfrac{\varphi}{2} - y = 0. \end{array} \right.$$

L'équation (36) montre immédiatement que d'un point donné x, y on peut toujours mener quatre droites conjuguées des tangentes à leur pied, dont deux au moins sont réelles.

L'équation (36), comme l'équation (2), se ramène à la forme

$$x^4 + 2(M + N)x^3 + 2(M - N)x - 1 = 0.$$

(*) On dit que deux droites dans une conique sont conjuguées par rapport à une autre conique, lorsqu'elles sont parallèles à deux diamètres conjugués de cette dernière courbe.

Legendre a trouvé qu'une pareille équation a quatre racines réelles, deux racines réelles et deux racines imaginaires, ou trois racines réelles, suivant qu'on a

$$\left(\frac{M}{N}\right)^{\frac{2}{3}} + \left(\frac{1}{N}\right)^{\frac{2}{3}} - 1 \begin{matrix} < 0 \\ > 0. \\ = 0 \end{matrix}$$

Mais dans l'équation (36)

$$M = \frac{na - b}{y}, \quad N = \frac{nx}{y};$$

donc, suivant que le point sera intérieur, extérieur, ou sur la circonférence de la courbe dont l'équation est

$$\left(\frac{ba'^2 y}{\pm a^2 b'^2 - b^2 a'^2}\right)^{\frac{2}{3}} + \left(\frac{\pm ab'^2 x}{\pm a^2 b'^2 - b^2 a'^2}\right)^{\frac{2}{3}} = 1,$$

on pourra mener quatre droites conjuguées des tangentes passant par leur pied, toutes quatre réelles, ou deux réelles et deux imaginaires, ou trois réelles dont l'une double.

On prouve d'ailleurs facilement par la méthode qu'on a employée pour l'équation (7) que l'équation précédente est l'enveloppe des droites qui sont les conjuguées de leurs tangentes en leurs pieds.

Remarquons aussi que l'équation (36) ayant la même forme que l'équation (2) jouit des mêmes propriétés et que par conséquent les théorèmes I, II, III et IV, ou du moins des théorèmes d'énoncé analogue, ont lieu encore.

Ainsi, par exemple, on peut énoncer le théorème suivant:

Si deux points sont tels, que leurs coordonnées α, β, α', β' *prises par rapport à deux diamètres conjugués quelconques* $2a$ et $2b$ *d'une ellipse ou d'une hyperbole sont liées entre elles par les relations*

$$\alpha\alpha' = -a^2, \quad \beta\beta' = \mp b^2,$$

les polaires des deux points couperont l'une ou l'autre des deux courbes en quatre points tels, que les droites conjuguées des tangentes en ce point concourront en un même point du plan, pourvu que l'on prenne pour conique auxiliaire l'une des coniques qui a un système de diamètres conjugués parallèles à ceux qu'on a pris pour axes.

II.

MÉTHODE DU POLE.

Ellipse et hyperbole.

Nous allons d'abord résoudre le problème suivant.

Étant menée une corde dans une conique à centre, et ayant déterminé le pôle de cette corde, ainsi que le point d'intersection des normales correspondantes à ses extrémités, on propose, connaissant les coordonnées α, β du premier point, de trouver les coordonnées x et y du second.

La conique est rapportée à son centre et à ses axes.

x', y', x'', y'' étant les coordonnées de l'extrémité de la corde, on a

$$\alpha = \frac{a^2(y''-y')}{x'y''-y'x''}, \qquad \beta = \frac{\pm b^2(x'-x'')}{x'y''-y'x''},$$

$$x = \frac{c^2 x' x''(y''-y')}{a^2(x'y''-y'x'')}, \qquad y = \frac{c^2 y' y''(x''-x')}{\pm b^2(x'y''-y'x'')},$$

d'où

$$(37) \qquad x = \frac{c^2 x' x'' \alpha}{a^4}, \qquad y = -\frac{c^2 y' y'' \beta}{b^4};$$

mais on a facilement

$$x'x'' = \frac{a^4(\pm b^2-\beta^2)}{a^2\beta^2 \pm b^2\alpha^2}, \qquad y'y'' = \frac{b^4(\alpha^2-a^2)}{a^2\beta^2 \pm b^2\alpha^2},$$

donc

$$(38) \qquad x = \frac{c^2\alpha(\pm b^2-\beta^2)}{a^2\beta^2 \pm b^2\alpha^2}, \qquad y = \frac{c^2\beta(\alpha^2-a^2)}{a^2\beta^2 \pm b^2\alpha^2} \; (*).$$

Ici et dans le cas qui va suivre, le signe supérieur de b^2 se rapporte toujours à l'ellipse, et le signe inférieur à l'hyperbole.

Les formules (38) peuvent servir à donner des démonstra-

(*) J'avais d'abord démontré les formules (38) par la considération de l'angle d'anomalie (*Nouvelles Annales de Mathématiques*, tome XIX, page 268); mais ayant rencontré les formules (37) dans le Traité de M. Salmon, j'ai préféré, pour plus de régularité, en déduire la démonstration actuelle.

trations nouvelles des principaux théorèmes précédemment démontrés.

Par exemple, on voit que les seconds membres des formules ne changent pas quand on y remplace α et β par $-\frac{a^2}{\alpha}$ et $\mp\frac{b^2}{\alpha}$, et cette simple remarque donne immédiatement la démonstration des théorèmes III et IV pour une conique à centre.

On peut aussi donner une nouvelle solution du problème des normales menées d'un point donné à une conique à centre.

En effet, si on prend pour inconnue auxiliaire l'abscisse α du pôle d'une corde qui joint les pieds de deux normales, en éliminant β entre les équations (38) on aura une équation du sixième degré en α qui s'abaissera immédiatement au troisième en vertu de la propriété de réciprocité remarquée tout à l'heure; l'abaissement de l'équation sera d'ailleurs obtenue en prenant pour nouvelle inconnue auxiliaire l'abscisse du milieu d'une des diagonales du quadrilatère normal circonscrit, et on est encore conduit à la solution de Legendre.

Mais nous voulons faire servir principalement les formules (38) à résoudre des problèmes qui sont compris dans les deux énoncés généraux suivants.

Étant données dans un même plan une conique à centre C *et une ligne quelconque* A; *de tous les points de* A *on mène deux tangentes à la conique et par les points de contact les deux normales correspondantes : quel est le lieu* B *des intersections de ces normales?*

Réciproquement, connaissant la ligne B, *de tous les points de cette ligne on mène des normales à la conique* C, *et par les pieds des normales les tangentes correspondantes : quel est le lieu* D *des points d'intersection de ces tangentes?*

D'autres questions se ramènent aux deux problèmes précédents.

Soit, par exemple, proposé de trouver le lieu des poins d'intersection des normales menées par les extrémités d'une corde dont les coordonnées satisfont à une équation de condition.

On cherchera d'abord le lieu A des pôles de cette corde, puis la ligne B d'après le premier problème.

On peut aussi, comme dans la première partie, se proposer,

connaissant le lieu A d'un des sommets d'un quadrilatère normal circonscrit, de trouver le lieu des cinq autres sommets. On a d'abord le lieu A′ du sommet opposé à celui qui décrit la ligne A, par l'application du théorème III. Ayant ensuite déterminé la ligne B, puis le lieu D, on aura le lieu des quatre derniers sommets, en divisant le premier membre de l'équation de D par le produit des premiers membres des équations de A et A′.

Enfin on peut vouloir trouver l'enveloppe des cordes qui joignent les pieds des normales issues d'un point de B.

On ramènera le problème à celui des polaires réciproques, en cherchant d'abord la ligne D.

Ce qui précède justifie suffisamment le nom de méthode du pôle.

Nous allons maintenant donner quelques exemples.

La ligne A est donnée, trouver la ligne B.

1. *La ligne donnée A est parallèle à l'un des axes.*

Si, par exemple, on suppose que la ligne A est parallèle à l'axe des y, α doit être considéré comme constant, et on aura le lieu B en éliminant β entre les équations (38); on a ainsi

$$\pm b^2\alpha(a^2+\alpha^2)^2y^2+a^2\alpha(a^2-\alpha^2)^2x^2$$
$$-c^2(a^2-\alpha^2)^3x-c^4\alpha(a^2-\alpha^2)^2=0.$$

2. *La ligne A est une droite quelconque passant par le centre de la conique.*

Soit $\beta=m\alpha$ l'équation de la droite donnée; en éliminant β et α entre cette équation et les équations (38), on a

$$ma^2x^2+(a^2m^2\pm b^2)xy\pm mb^2y^2-c^4m\left(\frac{a^2m^2\mp b^2}{a^2m^2\pm b^2}\right)^2=0.$$

C'est l'équation d'une hyperbole qui a pour asymptotes les droites

$$y=-\frac{x}{m},\quad y=\mp\frac{a^2m}{b^2}x.$$

Dans le cas où la conique est une ellipse, si $m=\pm\frac{b}{a}$, le lieu se réduit à la droite $y=-\frac{a}{b}x$, ou à la droite $y=\frac{a}{b}x$.

3. *La ligne Λ est une droite quelconque.*

L'élimination donne une courbe du troisième ordre, mais les calculs ne sont pas assez simples pour être rapportés, et d'ailleurs le théorème se trouve établi plus loin d'une autre manière.

4. *La ligne Λ est le cercle*

$$\alpha^2 + \beta^2 = a^2 \pm b^2.$$

L'équation du cercle peut s'écrire

$$\alpha^2 - a^2 = \pm b^2 - \beta^2,$$

et par suite, en divisant membre à membre les formules (38), on a

$$\frac{y}{x} = \frac{\beta}{\alpha}.$$

Tirant de cette équation et de celle du cercle les valeurs de α et de β, et les substituant dans l'une des équations (35), on a

$$(a^2 + b^2)(y^2 + x^2)(\pm b^2 x^2 + a^2 y^2)^2 = c^4 (\pm b^2 x^2 - a^2 y^2)^2,$$

c'est l'équation du lieu décrit par le sommet d'un angle droit dont les côtés sont normaux à une conique à centre.

5. *La ligne Λ est l'ellipse ou l'hyperbole*

$$a^2 \beta^2 \pm b^2 \alpha^2 = \pm 2 a^2 b^2.$$

Remarquant que l'équation peut s'écrire

$$\pm b^2 - \beta^2 = \pm \frac{b^2}{a^2} (\alpha^2 - a^2),$$

le calcul s'achève comme dans l'exemple précédent, et on trouve

$$(a^2 x^2 \pm b^2 y^2)^3 = \frac{c^4}{2} (a^2 x^2 \mp b^2 y^2)^2.$$

6. *La ligne Λ a pour équation*

$$\frac{a^2}{\alpha^2} \pm \frac{b^2}{\beta^2} = 1.$$

On trouve pour B la développée de la conique.

Remarque. — Si pour les cinq premiers problèmes on remplace la propriété du pôle par la propriété correspondante de la polaire, on reconnaît que presque tous les problèmes précédents ont déjà été traités dans la première partie.

Problème inverse. LA LIGNE B EST DONNÉE, TROUVER LA LIGNE D.

La question est immédiatement résolue en remplaçant dans l'équation de la ligne B,

$$f(x, y) = 0,$$

x et y par les valeurs que donnent les formules (38).

Lorsque la ligne B aura été déduite de la ligne A par le premier problème, l'équation de la ligne D sera généralement décomposable en facteurs. En opérant cette décomposition, on aura la solution complète du problème relatif au quadrilatère normal circonscrit.

Nous donnerons seulement deux exemples.

1. *La ligne B est la droite*

$$y = mx + n.$$

On voit immédiatement que la ligne D est du troisième ordre, et en laissant de côté le cas évident où la droite est parallèle à l'un des axes, on trouve que la décomposition en facteurs de l'équation en α, β n'est possible que dans deux cas.

Le premier cas a lieu lorsqu'on a

$$n = \frac{c^2 m}{\sqrt{a^2 \pm b^2 m^2}},$$

c'est-à-dire lorsque la droite donnée est une normale à la conique; alors les deux facteurs de l'équation de la ligne D étant rendus égaux à zéro, donnent la tangente au pied de la normale, et une hyperbole dont les axes sont parallèles à ceux de la conique donnée; quant à la polaire réciproque de l'hyperbole, elle est une parabole, comme on le trouve par la méthode ordinaire.

Le théorème est compris dans le théorème général démontré page 22.

Le second cas a lieu lorsque, la conique étant une ellipse, on a

$$m = \pm \frac{a}{b}, \quad n = 0;$$

alors on trouve que le lieu de D se compose des deux lignes

$$\beta = \mp \frac{b}{a}\alpha, \quad \alpha\beta = \pm ab.$$

La polaire réciproque de la dernière a d'ailleurs pour équation

$$xy = \pm \frac{ab}{4}.$$

On peut donc énoncer le théorème suivant :

Si d'un point pris sur le diamètre perpendiculaire à l'un des diamètres conjugués égaux on mène les quatre normales à l'ellipse, deux des sommets du quadrilatère normal circonscrit se mouvront sur le second des diamètres conjugués égaux, et les quatre autres sommets seront toujours sur l'hyperbole

$$xy = \pm ab.$$

On peut dire aussi que deux des côtés du quadrilatère normal inscrit sont parallèles à celui des diamètres conjugués égaux auquel on a mené un diamètre perpendiculaire, tandis que les deux autres côtés enveloppent l'hyperbole

$$xy = \pm \frac{ab}{4}.$$

2. *La ligne* B *est la développée de la conique.*

On trouve pour la ligne D une équation du dix-huitième degré. Nous allons donner, pour opérer la décomposition en facteurs, une méthode qu'on pourra chercher à appliquer à d'autres exemples.

L'équation qu'il faut décomposer en facteurs est celle-ci :

$$[a\alpha(b^2-\beta^2)]^{\frac{2}{3}} + [b\beta(\alpha^2-a^2)]^{\frac{2}{3}} = (a^2\beta^2+b^2\alpha^2)^{\frac{2}{3}}.$$

Posons

$$\alpha = a\rho\cos\omega, \quad \beta = b\rho\sin\omega;$$

en faisant disparaître les radicaux, on aura

$$27\rho^2\sin^2\omega\cos^2\omega\,(\rho^2-1-\rho^4\sin^2\omega\cos^2\omega)^2$$
$$= (\rho^2-1-\rho^4\sin^2\omega\cos^2\omega+4\rho^2\sin^2\omega\cos^2\omega)^2,$$

et si l'on pose

$$\rho^2\sin^2\omega\cos^2\omega = u, \quad \rho^2-1 = z,$$

il vient

$$z(1-u)[z(1-u)-9u]^2=0\,;$$

le lieu cherché se compose donc des trois courbes

$$z=0,\quad u=1,\quad z=\frac{9u}{1-u}.$$

Si l'on remet pour z et u leurs valeurs en ρ, $\sin\omega$ et $\cos\omega$, puis pour ces dernières quantités leurs valeurs en α et β, on obtient pour équations en coordonnées rectangulaires

$$\frac{\alpha^2}{a^2}+\frac{\beta^2}{b^2}-1=0,$$

$$\frac{a^2}{\alpha^2}+\frac{b^2}{\beta^2}-1=0,$$

$$\left(\frac{\alpha^2}{a^2}+\frac{\beta^2}{b^2}-1\right)\left(\frac{a^2}{\alpha^2}+\frac{b^2}{\beta^2}-1\right)=9.$$

On retrouve ainsi un résultat déjà démontré de plusieurs manières.

Théorèmes généraux.

Je vais donner maintenant quelques théorèmes généraux qui établissent une liaison entre les propriétés des lignes A, B et D.

La conique C est, comme précédemment, une conique à centre.

Théorème I. — *Le degré de la ligne* B *est en général triple de celui de la ligne* A.

En effet, on peut trouver les points d'intersection de la ligne B et d'une droite quelconque

$$rx+sy=t$$

de la manière suivante.

On remplace dans l'équation précédente x et y par les valeurs que donnent les équations (38) et l'on obtient

$$(39)\qquad -rc^2\alpha\beta^2+sc^2\alpha^2\beta-a^2t\beta^2-b^2t\alpha^2+rb^2c^2\alpha-sa^2c^2\beta=0.$$

Déterminant ensuite les valeurs de α et β qui satisfont à l'équation (39) et à celle de la ligne A, puis, d'après les formules (38), les valeurs de x et y correspondantes, on aura les coordonnées demandées des points d'intersection.

Mais l'équation de la ligne A étant du degré m et celle de la ligne B du troisième degré, d'après le théorème de Bezout, on trouvera $3m$ systèmes de valeurs pour α et β et par suite pour x et y. Le théorème est donc démontré.

Théorème II. *m étant le degré de la ligne A, on peut mener à la ligne B au plus $m(m+3)$ tangentes parallèles à une direction donnée.*

En effet, si on désigne par y' et β' les dérivées de y par rapport à x et de β par rapport à α, on déduit facilement des formules (38)

$$(40) \qquad y' = \frac{(a^2\beta^2 \mp b^2\alpha^2)(a^2 - \alpha^2)\beta' + 2a^2\alpha\beta(\beta^2 \pm b^2)}{(a^2\beta^2 \mp b^2\alpha^2)(b^2 - \beta^2)\beta' \mp 2b^2\alpha\beta(\alpha^2 + a^2)}.$$

En égalant la valeur de y' à une quantité constante K et remplaçant β' par sa valeur déduite de l'équation de A, on aura une équation du degré $(m+3)$ en (α, β), et le nombre des solutions communes à cette équation et à celle de la ligne A sera en général $m(m+3)$. On peut donc mener à la ligne B au plus $m(m+3)$ tangentes parallèles à une direction donnée.

Théorème III. — *Le degré de la ligne D est en général triple de celui de la ligne B.*

En effet, pour déduire l'équation de la ligne D de celle de la ligne B, il suffit de remplacer dans cette dernière x et y par des fonctions rationnelles du troisième degré en α et β.

Théorème IV. — *Si l'un des sommets d'un quadrilatère normal circonscrit décrit une ligne de degré m, en général le sommet opposé décrit une ligne de degré $2m$, et le lieu des autres sommets qui peut être ou n'être pas décomposable en courbes distinctes est du degré $6m$.*

En effet, en remplaçant, dans l'équation de la ligne A, α et β par $\frac{-a^2}{\alpha}$ et $\frac{\mp b^2}{\beta}$, on aura l'équation du lieu A' que décrit le sommet opposé au premier. Le degré de A' est donc $2m$. D'un autre côté, à cause des théorèmes I et III, le degré de B est $3m$, celui de D, $9m$. D est d'ailleurs le lieu des six sommets du quadrilatère; il faut donc bien, puisque A est du degré m, A' du degré $2m$, que le lieu des quatre derniers sommets soit du degré $6m$.

THÉORÈME V. — *Si la ligne A a une branche infinie dont l'asymptote a pour équation*

$$\beta = K\alpha + h,$$

la ligne B aura une branche infinie dont l'asymptote sera donnée par l'équation $y = -\frac{x}{K} - \frac{c^2 h}{\pm b^2 + a^2 K^2}$.

On voit d'abord que les valeurs de y et x données par les formules (38) deviennent infinies en même temps que α et β, et en divisant ces formules membre à membre et tenant compte de $\lim\left(\frac{\beta}{\alpha}\right) = K$, on trouve

$$\lim\left(\frac{y}{x}\right) = -\frac{1}{K}.$$

Formant ensuite l'expression de $y + \frac{x}{K}$ en α et β et y remplaçant β par $K\alpha + v$, v désignant une variable qui devient égale à h pour α infini, on a

$$\lim\left(y + \frac{x}{K}\right) = -\frac{c^2 h}{\pm b^2 + a^2 K^2}.$$

THÉORÈME VI. — *Si une branche de la ligne A passe par le centre de la conique et qu'en ce point elle ne soit pas tangente aux axes, la ligne B aura une branche infinie dont l'asymptote sera*

$$y = -\frac{a^2 m}{b^2} x,$$

m désignant le coefficient angulaire de la tangente au centre pour la branche considérée de la ligne A.

Lorsque au contraire la branche de la ligne A sera tangente à l'un des axes, la ligne B aura une branche infinie dont l'asymptote sera en général parallèle à cet axe.

Si dans les formules (38) on fait $\alpha = 0$, $\beta = 0$, x et y se présentent sous la forme $\frac{0}{0}$. Mais prenant les dérivées des deux termes de chaque fraction et représentant par β' la dérivée de β

par rapport à α, on a

$$x = \frac{c^2(b^2 - \beta^2 - 2\alpha\beta\beta')}{2(b^2\alpha + a^2\beta\beta')}, \qquad y = \frac{c^2[(\alpha^2 - a^2)\beta' + 2\alpha\beta]}{2(b^2\alpha + a^2\beta\beta')}.$$

Faisant maintenant $\alpha = 0$, $\beta = 0$, comme par hypothèse β' n'est ni nulle, ni infinie, x et y seront infinis et la ligne B aura une branche infinie. On prouve ensuite facilement par le même genre de démonstration que tout à l'heure que la ligne B a pour asymptote

$$y = -\frac{a^2 m}{b^2} x.$$

Pour la seconde partie du théorème supposons par exemple $\beta' = 0$. On voit immédiatement que x est infinie, et que la valeur de y se présente encore sous la forme $\frac{0}{0}$. Mais prenant encore les dérivées des deux termes, on trouve que y a une valeur finie tant que la seconde dérivée de β par rapport à α n'est pas infinie.

Le cas où β' est infinie se traite de même.

Théorème VII. — *Lorsque la conique est une hyperbole, outre les asymptotes données par les théorèmes précédents, la ligne B a encore des asymptotes en nombre généralement égal au nombre des points d'intersection de la ligne A et des asymptotes de l'hyperbole. On obtient d'ailleurs l'asymptote correspondant à l'un des points d'intersection par la construction suivante.*

Par le point d'intersection qu'on a choisi, on mène une tangente à l'hyperbole, puis par le point de contact une normale à la même courbe. L'asymptote de la ligne B sera parallèle à cette normale. On aura ensuite l'abscisse à l'origine de la même asymptote en prenant une quatrième proportionnelle aux demi-axes a et b et à l'ordonnée à l'origine de la normale précédente. L'ordonnée et l'abscisse seront d'ailleurs de même signe ou de signe contraire suivant que le point cherché sera sur l'une ou l'autre des asymptotes

$$y = -\frac{b}{a} x, \quad y = \frac{b}{a} x.$$

Quand la conique est une hyperbole, les valeurs de x et de y deviennent infinies lorsqu'on a

$$\beta = \pm \frac{b}{a} \alpha.$$

Il en résulte qu'à un point d'intersection de la ligne A, et de l'une des asymptotes de l'hyperbole, correspond une branche infinie de la ligne B. Cette branche a une asymptote dont on trouve l'équation par la même méthode que précédemment :

$$y = \pm \frac{a}{b} \frac{a^2 - \alpha^2}{a^2 + \alpha^2} x \mp \frac{c^2 (a^2 - \alpha^2)^2}{2ab\alpha (a^2 + \alpha^2)}.$$

Le signe supérieur correspond au point $\alpha, \frac{b}{a}\alpha$, et le signe inférieur au point $\alpha, \frac{-b}{a}\alpha$.

Mais si, d'un autre côté, on cherche l'équation de la normale au point de contact de l'hyperbole et de la tangente menée à cette ligne de l'un des points $\left(\alpha, \pm \frac{b}{a}\alpha\right)$, on trouve

$$y = \pm \frac{a}{b} \frac{(a^2 - \alpha^2)}{a^2 + \alpha^2} x \mp \frac{c^2 (a^2 - \alpha^2)}{2ab\alpha}.$$

On voit que les coefficients angulaires sont les mêmes dans l'équation de la normale et celle de l'asymptote, et si l'on désigne par x_1 l'abscisse à l'origine de l'asymptote, par y_2 l'ordonnée à l'origine de la normale, on a

$$x_1 = \mp \frac{b}{a} y_2.$$

Le théorème est donc démontré.

Usage des théorèmes précédents.

Sauf pour des cas choisis, la recherche de l'équation de la ligne B conduit à de longs calculs. Mais, d'après ce qui précède, on peut se dispenser de trouver l'équation de cette ligne. En effet, d'après les formules (38), on peut construire la ligne B par points, et par la formule (40) obtenir la tangente en chaque point de la courbe. Les théorèmes I, III, IV, V, VI et VII feront d'ailleurs connaître les asymptotes.

Nous recommandons ce genre de discussion, par exemple, pour la ligne B du troisième ordre correspondant à une ligne droite A. On pourra déterminer directement les asymptotes en cherchant l'intersection d'une droite avec B et vérifier ainsi quelques-uns des théorèmes précédents.

Exercices proposés.

x_1, y_1 étant les coordonnées du milieu d'une corde de pôle (α, β), x_2, y_2 celles du pôle de la ligne (α, β), $\left(\frac{-a^2}{\alpha}, \frac{-b^2}{\beta}\right)$, x_3, y_3 celles du centre des moyennes distances des six sommets d'un quadrilatère normal circonscrit, x_4, y_4 celles du centre des moyennes distances des quatre sommets sur la conique d'un quadrilatère normal inscrit (*).

1. Démontrer les formules suivantes :

$$(41)\quad \begin{cases} x_1 = \dfrac{b^4\alpha}{\pm b^2\alpha^2 + a^2\beta^2}, & y_1 = \dfrac{a^4\beta}{\pm b^2\alpha^2 + a^2\beta^2}, \\[2ex] x_2 = \dfrac{a^2\alpha(\pm b^2 + \beta^2)}{\pm b^2\alpha^2 - a^2\beta^2}, & y_2 = \dfrac{\mp b^2\beta(\alpha^2 + a^2)}{\pm b^2\alpha^2 - a^2\beta^2}, \\[2ex] x_3 = \dfrac{c^4 - a^2x^2 - b^2y^2}{6acx}, & y_3 = \dfrac{c^4 - a^2x^2 - b^2y^2}{6bcy}, \\[2ex] x_4 = \dfrac{a^2x}{2c^2}. & y_4 = \dfrac{b^2y}{2c^2}. \end{cases}$$

2. Démontrer, à l'aide de ces formules, des théorèmes généraux analogues aux précédents.

3. Étant données les coordonnées α, β d'un des sommets d'un quadrilatère normal circonscrit, trouver les équations des trois diagonales.

Soient $L = 0$ l'équation de la diagonale qui joint le sommet (α, β) au sommet $\left(\frac{-a^2}{\alpha}, \frac{-b^2}{\beta}\right)$, $M = 0$, $N = 0$, les équations des deux autres.

On a immédiatement l'équation de la première diagonale. Pour avoir les équations des deux autres, on écrira les équations des deux paires de

(*) x, y désignent toujours les coordonnées du point d'intersection des normales passant par les extrémités de la corde qui a pour pôle le point (α, β).

tangentes menées des points (α, β), $\left(\frac{-a^2}{\alpha}, \frac{-b^2}{\beta}\right)$, c'est-à-dire

$$(a^2\beta^2 + b^2\alpha^2 - a^2b^2)(a^2y^2 + b^2x^2 - a^2b^2) = (b^2\alpha x + a^2\beta y - a^2b^2)^2,$$
$$(a^2\beta^2 + b^2\alpha^2 - \alpha^2\beta^2)(a^2y^2 + b^2x^2 - a^2b^2) = a^2b^2(\beta x + \alpha y + \alpha\beta)^2,$$

d'où l'on déduit

$$(b^2\alpha^2 + a^2\beta^2 - \alpha^2\beta^2)(b^2\alpha x + a^2\beta y - a^2b^2)^2$$
$$- a^2b^2(a^2\beta^2 + b^2\alpha^2 - a^2b^2)(\beta x + \alpha y + \alpha\beta)^2 = 0.$$

Le premier membre de l'équation précédente étant la différence de deux carrés, est le produit de deux facteurs qui sont **M** et N.

4. Former l'équation générale des coniques inscrites dans un quadrilatère normal circonscrit à une première conique à centre, en prenant pour constantes les demi-axes *a* et *b* de la conique donnée, et les coordonnées α et β d'un des sommets du quadrilatère.

On emploiera l'équation générale des coniques inscrites dans un quadrilatère

$$L^2 = \frac{M^2}{\mu} + \frac{N^2}{1-\mu} \ (*),$$

dans laquelle μ est une constante, et où L, M, N, ont la signification précédemment indiquée.

5. Démontrer à l'aide de l'équation que nous venons de demander, le théorème suivant énoncé par M. Steiner (**).

On peut toujours déterminer une parabole qui touche à la fois les deux axes d'une conique à centre et les quatre côtés d'un quadrilatère normal circonscrit à cette conique:

On démontre le théorème plus simplement par l'emploi du théorème II (1re partie) et de l'équation de la parabole

$$4pqxy + (px + qy + 1)^2 = 0.$$

Mais l'équation qu'on propose de trouver pourra servir à résoudre des questions comme celles-ci : Connaissant le lieu décrit par l'un des sommets d'un quadrilatère normal circonscrit, trouver l'enveloppe de la parabole précédente, le lieu des sommets, des foyers, etc.

6. Démontrer les formules (31) et (32), en cherchant l'intersection de l'une des diagonales M = 0, N = 0, avec la paire de tangentes partant du point (α, β).

(*) SALMON, *Treatise on conic sections*, page 198.

(**) LIOUVILLE, *Journal de Mathématiques*, tome XX, page 43.

Généralisation des formules (38).

Comme dans la première partie, remplaçant les normales par des droites conjuguées, prenant les mêmes axes coordonnés, adoptant les mêmes notations et posant $n = \pm \frac{a'^2}{b'^2}$, on trouve

$$x = \frac{(a^2 \mp nb^2)\alpha(b^2 \mp \beta^2)}{\pm b^2\alpha^2 + a^2\beta^2}, \quad y = \frac{(a^2 - nb^2)\beta(\alpha^2 - a^2)}{\pm b^2\alpha^2 + a^2\beta^2}.$$

α et β désignent maintenant les coordonnées du pôle d'une corde qui joint les pieds de deux droites conjugués, et on voit bien comment on peut donner plus d'extension encore aux théorèmes généraux démontrés précédemment.

On généralisera de la même manière les formules (41).

Parabole. — L'équation de la parabole étant

$$y^2 = 2px,$$

et conservant toujours les mêmes notations, on démontre par la même méthode que par les coniques à centre, les formules

$$(42) \qquad y = \frac{-2\alpha\beta}{p}, \quad x = \frac{2\beta^2 - \alpha p + p^2}{p} \text{ (*)},$$

qui permettront de résoudre les mêmes problèmes.

La ligne A est donnée.

Nous donnerons seulement deux exemples.

1. *La ligne A est une droite*

$$mx + ny + q = 0.$$

On trouve pour équation de la ligne B,

$$(43) \quad \begin{cases} 2p(n^2y - mnx + mnp + mq)^2 \\ = (pm^2 - 2nq)(pmny - 2qnx + 2npq + 2q^2). \end{cases}$$

On voit que la ligne B est une parabole dont l'axe est perpendiculaire à la droite donnée.

(*) Des formules semblables ont aussi été données par M. Salmon, page 194.

Cas particuliers.

$m=0$. C'est la question de concours (1859).

En posant $\frac{-q}{n}=k$, on a

$$y^2=\frac{2k^2}{p}(x+k-p).$$

Par l'hypothèse $k=p$, on a la parabole donnée elle-même, et en faisant $k=\frac{-p}{2}$, on a l'équation de la parabole, lieu du sommet d'un angle droit dont les côtés sont normaux à la parabole donnée.

$n=0$. La méthode d'élimination qui a donné l'équation (43) n'est plus applicable, mais on trouve directement pour équation de la ligne B

$$y=\frac{2\beta}{p}x-\frac{4\beta^3+2p^2\beta}{p^2},$$

où β représente la distance du diamètre donné à l'axe. On reconnaît une normale à la parabole qui passe par le centre de courbure correspondant au point d'intersection de la parabole et du diamètre donné, mais qui n'est pas la normale même du point d'intersection.

$pm^2-2nq=0$. Alors la ligne A est une tangente à la parabole, et la ligne B la normale correspondante.

2. *La ligne A est la parabole*

$$\beta^2=2q\alpha.$$

On trouve pour équation de la ligne B

$$y^2=\frac{8pq}{(4q-p)^3}(x-p)^3;$$

c'est l'équation de la développée d'une parabole.

Si l'on veut que la développée soit celle de la parabole donnée elle-même, on devra résoudre l'équation du troisième degré en q,

$$64q^3-48pq^2-15p^2q-p^3=0,$$

qui a deux racines égales à $\frac{-p}{8}$, et une autre égale à p.

On devait évidemment trouver la racine p, mais la racine $\frac{-p}{8}$ donne ce théorème :

Si d'un point de la parabole $\beta^2 = \frac{-p\alpha}{4}$ *on mène deux tangentes à la parabole donnée, les normales aux points de contact se couperont sur sa développée.*

Problème inverse.

La ligne B est donnée.

1. *Cette ligne est la droite*

$$ry + sx = t.$$

On trouve pour équation de A

$$-2r\alpha\beta + 2s\beta^2 - sp\alpha + sp^2 - tp = 0.$$

Si l'on fait successivement $s = 0$, $r = 0$, on obtient

$$\alpha\beta + \frac{tp}{r} = 0, \quad \beta^2 = \frac{p}{2}\alpha + p^2 - \frac{pt}{s}.$$

La dernière équation montre que la réciproque du théorème qui donne la réponse à la question de concours (1859) est vraie, c'est-à-dire que lorsque la ligne B est une droite perpendiculaire à l'axe de la parabole, la ligne A est une parabole.

2. *La ligne* B *est la parabole*

$$ay^2 + ex + f = 0.$$

On trouve pour A une courbe du quatrième ordre, mais qui se décompose en deux facteurs, l'un du premier degré, l'autre du troisième, lorsqu'on a

$$2a(ep + f)^2 = -e^3p.$$

Posant $\frac{ep+f}{e} = k$, on obtient

$$\alpha = k, \quad \alpha = -k - \frac{pk^2}{2\beta^2},$$

et l'équation de la parabole donnée peut s'écrire

$$y^2 = \frac{2k^2}{p}(x + k - p).$$

La solution $\alpha = k$ était prévue (problème du concours), mais on voit que la parabole donnée peut encore être décrite, lorsque la ligne A est une hyperbole équilatère du troisième ordre.

Dans la question proposée au dernier concours pour l'École Polytechnique (1860), on supposait que la ligne B était la parabole donnée elle-même, et on demandait de trouver non pas le lieu D, mais celui des points de rencontre de la sécante qui est la polaire de (α, β), et de la tangente au point x, y, placé alors sur la parabole.

Mais on peut trouver très-simplement les deux lieux à la fois. En effet, remplaçant dans l'équation de la parabole $y^2 = 2p\alpha$, y et x par les valeurs que donnent les formules (42), on a

$$(\alpha - p)[4\beta^2(\alpha + p) + 2p^2] = 0.$$

Le premier facteur était attendu, mais le second montre que tandis que le pôle de la sécante parcourt la droite $\alpha = p$, les pôles des deux autres côtés du triangle inscrit décrivent une courbe du troisième ordre.

α étant égal à p, à cause de l'équation $y = \frac{-2\alpha\beta}{p}$, on a $\beta = \frac{-y}{2}$; par conséquent, les coordonnées du point X, Y, dont on demande le lieu, doivent satisfaire aux équations

$$Yy = -2p(X + p), \quad Yy = p(X + x);$$

on a aussi

$$y^2 = 2px.$$

En éliminant y et x entre les trois équations, on trouve une courbe du troisième ordre dont l'équation est

$$Y = \pm \frac{2p(X + p)}{\sqrt{-2p(3X + 2p)}}.$$

On peut généraliser la question de la manière suivante : Par un point pris sur l'axe d'une parabole on mène une sécante, par les points d'intersection avec la courbe les deux normales, puis la polaire du point où les deux normales se coupent : quel est le lieu des points où la polaire rencontre la sécante?

On trouve encore une courbe du troisième ordre.

3. *La ligne B est la développée de la parabole.*

On obtient

$$(\beta^2 - 2p\alpha)(4\beta^2 + p\alpha)^2 = 0,$$

et on vérifie ainsi des résultats connus.

Par analogie avec ce qui a été fait pour les coniques à centre, on peut se proposer la question suivante :

Connaissant le lieu décrit par l'un des sommets du triangle qui touche la parabole aux pieds des normales issues d'un même point, trouver le lieu décrit par les trois sommets.

Mais cette question est implicitement résolue par ce qui précède, puisque du lieu A on pourra déduire le lieu B, puis le lieu D. Ainsi, par exemple, si l'un des sommets du triangle se meut sur la droite $\alpha = k$, on trouve pour ligne B une parabole, puis pour ligne D la droite $\alpha = k$, et une hyperbole du troisième ordre. Les deux derniers sommets du triangle se meuvent donc sur cette hyperbole.

Théorèmes généraux.

Lorsque la conique est une parabole, on démontre de la même manière que pour les coniques à centre les théorèmes suivants :

I. Lorsque la ligne A est une courbe de degré m, la ligne B est généralement du degré $2m$, et on peut lui mener au plus m^2 tangentes parallèles à une direction donnée.

II. Le degré de la ligne D est, en général, double de celui de la ligne B, et par conséquent quadruple de celui de la ligne A.

III. Lorsque la ligne A a une asymptote parallèle à l'axe de la parabole, la ligne B a toujours une asymptote normale à la même courbe.

IV. Lorsque la ligne A a une asymptote tangente à la parabole, la ligne B pourra elle-même avoir une asymptote.

Dans ce dernier cas, pour décider s'il y a ou non une asymptote, après avoir mis l'équation de la ligne A sous la forme

$$\beta = k\alpha + v,$$

et posé

$$v = z + \frac{p}{2k},$$

on calculera la quantité $z\alpha$, et suivant que cette quantité aura une limite finie ou infinie pour α infinie, on conclura que y a ou non une asymptote.

Par ce moyen, par exemple, on trouvera que si la ligne A est une hyperbole dont l'une des asymptotes est parallèle à l'axe de la parabole, et l'autre une tangente à la même courbe, la ligne B a une asymptote perpendiculaire à l'asymptote de A.

On pourra démontrer le théorème directement par la même méthode que pour les coniques à centre.

EXERCICES PROPOSÉS.

La conique étant une parabole.

Soient x_1, y_1 les coordonnées du milieu d'une corde qui a pour pôle le point α, β; x_2, y_2 celles du point d'intersection de cette corde et de la ligne qui joint le point α, β au point x, y; x_3, y_3 celles du point d'intersection de la polaire du point x, y, et de la corde qui a pour pôle le point α, β : démontrer les formules

$$(44)\quad \left\{\begin{aligned} y_1 &= \beta, \\ x_1 &= \frac{\beta^2}{p} - \alpha, \\ y_2 &= \frac{p\beta(2\beta^2+4\alpha^2+p^2)}{3p\beta^2+2\alpha\beta^2-2p^2\alpha+p^3}, \\ x_2 &= -\alpha+\frac{\beta^2(2\beta^2+4\alpha^2+p^2)}{3p\beta^2+2\alpha\beta^2-2p^2\alpha+p^3}, \\ y_3 &= \frac{p(-2\beta^2+2\alpha p-p^2)}{\beta(p+2\alpha)}, \\ x_3 &= \frac{-2\beta^2-2\alpha^2+p\alpha-p^2}{p+2\alpha}; \end{aligned}\right.$$

et à l'aide de ces formules, établir des théorèmes qui fassent dépendre les unes des autres les propriétés de deux courbes.

Généralisation des formules (42).

Si dans le problème de la normale menée d'un point donné x, y à la parabole, on remplace la normale par une droite conjuguée de la tangente en son pied, par rapport à une conique à centre du plan, on peut se proposer, comme pour l'ellipse et l'hyperbole, de calculer x et y en fonction des coordonnées α et β du pôle de la corde qui joint les pieds de deux droites conjuguées partant du point x, y.

Si on désigne par a' le demi-diamètre de la conique auxiliaire, parallèle à l'axe de la parabole; par b' le demi-diamètre conjugué, et qu'on pose $n = \mp \frac{b'^2}{a'^2}$, on trouve facilement

$$y = \frac{-2n\alpha\beta}{p}, \quad x = \frac{2n\beta^2 - 2np\alpha + p^2}{np}.$$

On généralisera de la même manière les formules (44).

NOTE

SUR LES NORMALES AUX SURFACES DU SECOND ORDRE.

On sait que d'un point on peut mener à une surface du second ordre six ou cinq normales, suivant que la surface a ou n'a point de centre. Alors trois quelconques des pieds des normales partent d'une conique sur la surface, et se coupent en un même point. On est par là naturellement conduit à se poser cette question : Étant donnée une courbe plane sur une surface du second ordre, pourra-t-on toujours mener par trois points de la courbe, convenablement choisis, trois normales qui se coupent en un même point?

Les coordonnées des pieds des trois normales doivent satisfaire aux deux équations de la normale et à celles de la surface et du plan de la courbe donnée, ce qui fait douze équations pour déterminer douze inconnues, savoir : les neuf coordonnées des pieds des normales, et les trois coordonnées du point commun à ces trois lignes. Il semble donc que le problème proposé est en général possible, et n'a qu'un nombre limité de solutions.

Mais en y regardant de plus près, on voit qu'il n'en est pas ainsi. Pour que le problème soit possible, le pôle du plan de la section doit être sur une certaine surface du quatrième ordre, et *par compensation*, quand la condition est remplie, le problème a une infinité de solutions, c'est ce que nous allons établir.

Supposons d'abord que la surface du second ordre ait un centre, et prenons pour exemple un ellipsoïde rapporté à ses trois axes de longueurs $2a$, $2b$, $2c$.

Soient x, y, z les coordonnées du point de départ des six normales, α, β, γ les coordonnées du pôle du plan qui passe par les pieds de trois de ces normales, x_1, y_1, z_1 les coordonnées de l'un de ces pieds, on aura les quatre équations suivantes :

(1) $$\frac{x - x_1}{b^2c^2x_1} = \frac{y - y_1}{a^2c^2y_1} = \frac{z - z_1}{a^2b^2z_1},$$

(2) $$\frac{x_1^2}{a^2} + \frac{y_1^2}{b^2} + \frac{z_1^2}{c^2} = 1,$$

(3) $$\frac{\alpha x_1}{a^2} + \frac{\beta y_1}{b^2} + \frac{\gamma z_1}{c^2} = 1.$$

Des deux premières on tire

(4) $$y_1 = \frac{b^2 y x_1}{a^2 x - (a^2 - b^2)x_1},$$

(5) $$z_1 = \frac{c^2 z x_1}{a^2 x - (a^2 - c^2)x_1},$$

et en substituant dans l'équation (3) les valeurs de y_1 et z_1, données par les équations (4) et (5), on a une équation du troisième degré en x_1,

(6) $$Mx_1^3 + Nx_1^2 + Px_1 + Q = 0,$$

dans laquelle

$$M = (a^2 - b^2)(a^2 - c^2)\alpha,$$
$$N = -a^2\left[\begin{array}{l}(2a^2 - b^2 - c^2)\alpha x + (a^2 - c^2)\beta y \\ + (a^2 - b^2)\gamma z + (a^2 - b^2)(a^2 - c^2)\end{array}\right],$$
$$P = a^4 x(\alpha x + \beta y + \gamma z + 2a^2 - b^2 - c^2),$$
$$Q = -a^6 x^2:$$

L'équation (6) étant du troisième degré, montre qu'en général on ne peut pas mener plus de trois normales se coupant en un même point, et ayant leurs pieds sur une courbe plane d'un ellipsoïde.

On peut trouver une seconde équation du troisième degré en x_1. Voici de quelle manière :

Le point x_1, y_1, z_1 devant être sur la surface, si on substituait dans l'équation (2) les valeurs de y_1 et z_1, données par les équations (4) et (5), on obtiendrait une équation du sixième degré en x_1. (Ce qui prouve en passant que d'un point on peut, en général, mener six normales à la surface.)

Mais si on substitue d'abord dans l'équation (3) la valeur de y_1, donnée par l'équation (4), après cette substitution, on tirera de l'équation (3) la valeur de z_1, exprimée en x_1 par une fraction dont le dénominateur sera, au facteur $a^2\gamma$ près, le même que celui de la valeur de y_1, donnée par l'équation (4). Mettant alors dans l'équation (2) la valeur y_1, donnée par l'équation (4), et la nouvelle valeur de z_1, on aura une équation du quatrième degré en x_1,

$$(7) \qquad M'x_1^4 + N'x_1^3 + P'x_1^2 + Q'x_1 + R' = 0,$$

dans laquelle

$$M' = (a^2 - b^2)^2(a^2\gamma^2 + c^2\alpha^2),$$

$$N' = -2a^2(a^2 - b^2)\left[(a^2\gamma^2 + c^2\alpha^2)x + (a^2 - b^2)c^2\alpha + c^2\alpha\beta y\right],$$

$$P' = a^4\left[\begin{array}{l}(a^2\gamma^2 + c^2\alpha^2)x^2 + (b^2\gamma^2 + c^2\beta^2)y^2 + 2c^2\alpha\beta xy \\ + 4(a^2 - b^2)c^2\alpha x + 2c^2\beta(a^2 - b^2)y + (c^2 - \gamma^2)(a^2 - b^2)^2\end{array}\right],$$

$$Q' = -2a^6\left[c^2\alpha x^2 + c^2\beta xy + (c^2 - \gamma^2)(a^2 - b^2)x\right],$$

$$R' = a^8(c^2 - \gamma^2)x^2.$$

Maintenant, si, après avoir multiplié les équations (6) et (7) respectivement par $M'x_1$ et M, on les retranche membre à membre, on obtient

$$(8) \qquad \left\{\begin{array}{l}(MN' - NM')x_1^3 + (MP' - PM')x_1^2 \\ + (MQ' - QM')x_1 + MR' = 0.\end{array}\right.$$

C'est la seconde équation du troisième degré que nous voulions obtenir.

Les équations (6) et (8) doivent être satisfaites par les abscisses des trois pieds des normales ; elles sont par conséquent identiques, et l'on a

$$(9) \qquad \left\{\begin{array}{l}\dfrac{MN' - NM'}{M} = \dfrac{MR'}{R}, \quad \dfrac{MQ' - QM'}{P} = \dfrac{MR'}{R}, \\ \dfrac{MP' - PM'}{N} = \dfrac{MR'}{R}.\end{array}\right.$$

Les trois équations précédentes lient entre elles les six coordonnées x, y, z, α, β, γ, et il est évident que toute autre relation entre ces mêmes quantités en serait une conséquence.

La première des équations (9), qui est du premier degré en

x, y, z, étant représentée par

$$(10) \qquad Ax + By + Cz = D,$$

on trouve

$$\begin{aligned}
A &= (c^2 - b^2)(a^2\gamma^2 + c^2\alpha^2)\alpha,\\
B &= (a^2 - c^2)(a^2\gamma^2 - c^2\alpha^2)\beta,\\
C &= (a^2 - b^2)(a^2\gamma^2 + c^2\alpha^2)\gamma,\\
D &= (a^2 - c^2)(c^2 - b^2)c^2\alpha^2 + (a^2 - c^2)^2\alpha^2\gamma^2\\
&\quad - (a^2 - b^2)(a^2 - c^2)a^2\gamma^2.
\end{aligned}$$

Quant aux deux dernières équations (9), elles sont respectivement du premier et du second degré; mais, comme nous allons le voir, il est inutile de les écrire sous leur forme explicite.

Par raison de symétrie, l'équation (10) en entraîne deux autres :

$$(11) \qquad A'x + B'y + C'z = D',$$

$$(12) \qquad A''x + B''y + C''z = D'',$$

qu'on déduit de l'équation (10) en permutant les lettres y, β, b successivement avec x, α, a et z, γ, c; on a ainsi :

$$\begin{aligned}
A' &= (b^2 - c^2)(b^2\gamma^2 - c^2\beta^2)\alpha,\\
B' &= (c^2 - a^2)(b^2\gamma^2 + c^2\beta^2)\beta,\\
C' &= (b^2 - a^2)(b^2\gamma^2 + c^2\beta^2)\gamma,\\
D' &= (b^2 - c^2)(c^2 - a^2)c^2\beta^2 + (b^2 - c^2)^2\beta^2\gamma^2 + (a^2 - b^2)(b^2 - c^2)b^2\gamma^2,\\
A'' &= (c^2 - b^2)(a^2\beta^2 + b^2\alpha^2)\alpha,\\
B'' &= (c^2 - a^2)(a^2\beta^2 + b^2\alpha^2)\beta,\\
C'' &= (b^2 - a^2)(a^2\beta^2 - b^2\alpha^2)\gamma,\\
D'' &= (a^2 - b^2)(c^2 - b^2)b^2\alpha^2 - (a^2 - b^2)^2\alpha^2\beta^2 + (a^2 - b^2)(a^2 - c^2)a^2\beta^2.
\end{aligned}$$

Mais si on multiplie les équations (10), (11) et (12) respectivement par b^2, a^2 et -1 et qu'on les ajoute membre à membre, x, y, z se trouvent éliminées et l'on a

$$(13) \quad \left\{ \begin{aligned} &(a^2 - b^2)^2(a^2b^2\gamma^2 - c^2\alpha^2\beta^2) + (a^2 - c^2)^2(a^2c^2\beta^2 - b^2\alpha^2\gamma^2)\\ &+ (b^2 - c^2)^2(b^2c^2\alpha^2 - a^2\beta^2\gamma^2) = 0. \end{aligned} \right.$$

On voit donc, comme nous l'avons annoncé, que le problème

proposé n'est pas toujours possible, et que pour que trois normales partant d'une courbe plane tracée sur un ellipsoïde se coupent en un même point, il faut que le pôle du plan de la courbe se trouve sur la surface du quatrième ordre représentée par l'équation (13).

On peut énoncer le théorème suivant :

Si, d'un point quelconque, on mène les six normales à un ellipsoïde, les pôles des plans passant par les pieds des normales pris trois à trois sont toujours sur la surface du quatrième ordre représentée par l'équation (13).

On voit en même temps que le point de départ des trois normales dont les pieds sont sur la section de pôle α, β, γ est toujours situé sur la droite représentée par les équations (10) et (11); mais, en tenant compte de l'équation (13), la même droite se trouve représentée plus simplement par les deux équations

$$(14)\quad \left\{ \begin{aligned} &\frac{a^2\beta^2+b^2\alpha^2}{a^2-b^2}\frac{x}{\alpha}+\frac{b^2\gamma^2+c^2\beta^2}{c^2-b^2}\frac{z}{\gamma}=b^2-\beta^2,\\ &\frac{a^2\beta^2+b^2\alpha^2}{b^2-a^2}\frac{y}{\beta}+\frac{a^2\gamma^2+c^2\alpha^2}{c^2-a^2}\frac{z}{\gamma}=a^2-\alpha^2. \end{aligned} \right.$$

On sent bien, d'après l'analyse précédente, que les équations (14) dans lesquelles α, β, γ sont liées entre elles par l'équation (13), sont les seules auxquelles x, y, z doivent satisfaire, et que si on remplace dans la seconde et la troisième des équations (9) x et y par les valeurs en fonction de z que donnent les équations (14), en tenant compte de l'équation (13), on tombera sur des identités. C'est ce que l'on pourra vérifier (*).

On a donc ce théorème.

Si une section plane d'un ellipsoïde a pour pôle un point situé sur la surface (13), *on pourra mener d'une infinité de manières trois normales dont les pieds seront sur la courbe de section et qui se couperont en un même point, et le lieu de ce dernier point sera la droite représentée par les équations* (14).

On peut donner une remarquable définition géométrique de cette droite.

(*) J'ai fait ces vérifications, et je ne puis qu'engager le lecteur à ne pas les recommencer.

Pour faciliter le langage, appelons pôle normal d'une corde dans une conique le point d'intersection des normales menées par les extrémités de la corde, le pôle correspondant étant le pôle ordinaire.

Alors si l'on compare les équations (14) aux formules (38), page 27, on voit facilement que si sur chacun des trois plans principaux on prend, par rapport à la conique du plan, le pôle normal qui correspond à la projection du sommet du cône considéré prise comme pôle, la ligne (14) passe par les trois pôles normaux déterminés.

En même temps que le plan de pôle (α, β, γ), on peut toujours considérer le plan de pôle $\left(\frac{-a^2}{\alpha}, \frac{-b^2}{\beta}, \frac{-c^2}{\gamma}\right)$, car l'équation (13) ne change pas quand on remplace les premières quantités par les dernières, mais le même changement n'altère pas non plus les équations (14); donc la droite définie précédemment est la même pour les deux plans de pôles

$$(\alpha, \beta, \gamma), \left(\frac{-a^2}{\alpha}, \frac{-b^2}{\beta}, \frac{-c^2}{\gamma}\right).$$

Maintenant supposons que d'un point on ait mené six normales à l'ellipsoïde, et le plan passant par les pieds de trois d'entre elles. α, β, γ étant les coordonnées du pôle de ce plan, soit déterminé un autre plan de pôle $\left(\frac{-a^2}{\alpha}, \frac{-b^2}{\beta}, \frac{-c^2}{\gamma}\right)$; il résulte de ce qui précède que de la courbe de section déterminée par le second plan partent en particulier trois normales passant par le point de départ donné, ce sont donc les trois dernières normales et, par suite, on peut énoncer le théorème suivant :

Si d'un point on mène les six normales à un ellipsoïde, que par les pieds de trois d'entre elles on fasse passer un premier plan, puis un second par les trois pieds restants, (α, β, γ), $(\alpha', \beta', \gamma')$ *étant les coordonnées des pôles des deux plans, on a toujours*

$$\alpha\alpha' = -a^2, \quad \beta\beta' = -b^2, \quad \gamma\gamma' = -c^2;$$

réciproquement, on voit de même que si deux points situés sur la surface (13) *sont liés entre eux par les équations précé-*

dentes, on pourra trouver d'une infinité de manières sur les courbes de section déterminées sur l'ellipsoïde par les plans polaires correspondants, six points tels, que les normales qui y ont leurs pieds se coupent en un même point, et ce point sera toujours sur une droite déterminée.

Les deux théorèmes précédents sont, comme on le voit, l'extension à l'ellipsoïde des théorèmes (3) et (4), démontrés page5.

Tout ce qui a été dit précédemment pour l'ellipsoïde s'applique aux deux hyperboloïdes en faisant les changements ordinaires de lettres.

Quant aux deux paraboloïdes, les deux derniers théorèmes ne s'y appliquent plus, mais on trouvera une surface du troisième ordre analogue à la surface (13), et une droite analogue à la droite (14), en appliquant aux deux surfaces dénuées de centre les mêmes méthodes qu'aux trois autres, si l'on n'aime mieux, pour aller plus vite, considérer les paraboloïdes comme des ellipsoïdes ou des hyperboloïdes dont le centre est à l'infini.

Les théorèmes précédents sont le point de départ d'une théorie nouvelle sur laquelle j'espère pouvoir bientôt revenir.

PARIS. — IMPRIMERIE DE MALLET-BACHELIER,
Rue de Seine-Saint-Germain, 10, près l'Institut.

TRAITÉ
DE
CHIMIE GÉNÉRALE
ÉLÉMENTAIRE.

LEÇONS PROFESSÉES A L'ÉCOLE CENTRALE DES ARTS ET MANUFACTURES;

PAR M. AUGUSTE CAHOURS,
Examinateur de sortie pour la Chimie à l'École impériale Polytechnique, Membre du Conseil de Perfectionnement, Essayeur à la Monnaie de Paris, Chevalier de la Légion d'honneur, et des ordres de Saint-Maurice et Saint-Lazare, Membre de la Société Philomathique de Paris, de la Société Chimique de Londres, de l'Académie des Sciences et Belles-Lettres de Rouen, etc.

DEUXIÈME ÉDITION.

3 VOLUMES IN-18, ILLUSTRÉS DE 270 FIGURES SUR BOIS INTERCALÉES DANS LE TEXTE ET DE 8 PLANCHES.

PRIX : 12 FRANCS.

En envoyant à M. Mallet-Bachelier un mandat de 12 fr. sur la Poste, l'Ouvrage sera expédié franco dans toute la France.

PROSPECTUS.

La faveur marquée que les Leçons de Chimie générale de M. Cahours ont obtenue du public a décidé l'Auteur à en publier une seconde édition, en apportant quelques modifications au cadre primitif. Au lieu de diviser l'ouvrage par Leçons, comme il l'avait fait précédemment, l'Auteur l'a partagé en Chapitres, ce qui lui a permis de développer certains sujets qu'il avait été forcé d'écourter et d'en aborder d'autres qui ont été acquis à la science dans ces dernières années.

Cette *seconde édition*, qui ne comprend pas moins de *trois cent cinquante pages* d'additions, renferme, outre des développements relatifs à l'ozone, à l'étude de la combustion, et aux combinaisons du silicium, des matières toutes nouvelles, telles que les glycols ou alcools diatomiques, les alcalis polyatomiques, étudiés récemment avec tant de succès par M. Hofmann, à qui l'on doit des recherches si intéressantes sur les bases ammoniacales, enfin une histoire des radicaux organo-métalliques, que l'Auteur a étudiés avec soin et à l'égard desquels il a formulé une théorie si simple. Le Chapitre qu'il a consacré à l'étude de ces composés intéressants résume les importants travaux que l'Auteur a publiés dans ces dernières années et qui lui ont mérité un prix de l'Académie des Sciences.

Le plus bel éloge que nous puissions faire de cet ouvrage, c'est de reproduire textuellement les paroles qu'a prononcées M. Chevreul dans la séance du 10 décembre 1860, en présentant le livre de M. Cahours à l'Académie des Sciences :

« L'ouvrage de M. Cahours se distingue par la clarté
» des idées, la rigueur des raisonnements, la précision
» et l'exactitude des détails. On reconnaît dans l'Auteur

» un ancien élève de l'École Polytechnique, qui, tout
» en se gardant des hypothèses, a mis beaucoup de soin
» à lier toutes les parties de son sujet et à en montrer les
» rapports mutuels.

» L'ouvrage de M. Cahours sera recherché de tous
» ceux qui aiment à suivre sans fatigue le développe-
» ment d'une science sans cesse en progrès, et dont
» l'importance se fait sentir chaque jour davantage. »

CHEZ LE MÊME LIBRAIRE.

PARIS. — IMPRIMERIE DE MALLET-BACHELIER,
Rue de Seine-Saint-Germain, 10, près l'Institut.

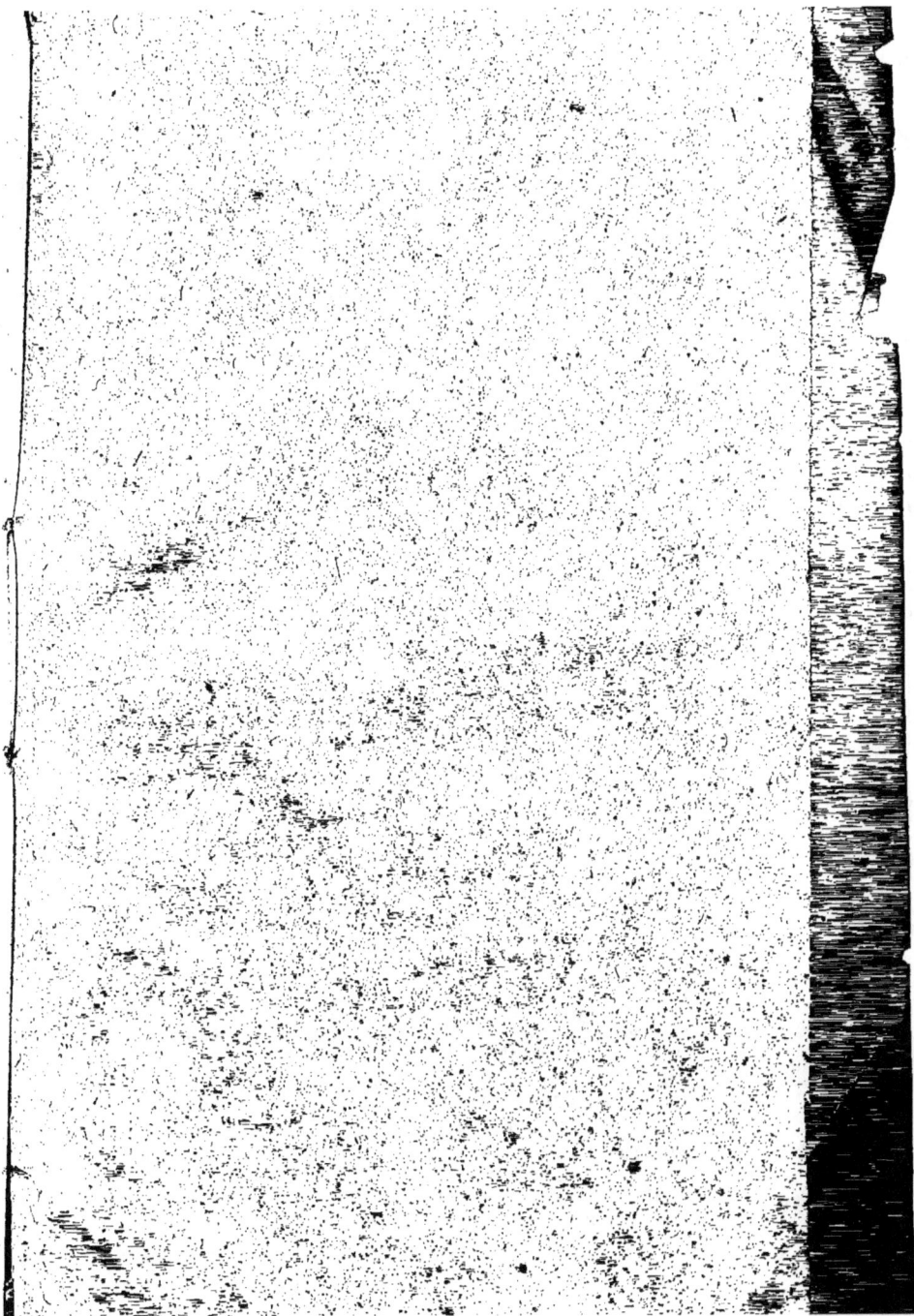

PARIS. — IMPRIMERIE DE MALLET-BACHELIER,
Rue de Seine-Saint-Germain, 10, près l'Institut.

www.ingramcontent.com/pod-product-compliance
Lightning Source LLC
LaVergne TN
LVHW022029080426
835513LV00009B/939